Versos para Dios

Juan David Tolentino

Ediciones Eleos

Juan David Tolentino
Autor

Frank Joseph Ortiz Bello
Editor

ISBN: 978-1-961322-04-2

Texto ©2024 Juan David Tolentino

Esta edición ©2024 FJ Multimedia LLC

Todos los derechos reservados.

Prohibida la reproducción total o parcial de esta obra en cualquier medio, sin la autorización por escrito del editor.

Ediciones Eleos

Dorado, Puerto Rico

www.edicioneseleos.com

Ediciones Eleos es una división de FJ Multimedia LLC.

A mi inspiración, después de Dios, a mi esposa Maritza Serrano, mi Sol; a mis hijos, mis noches de luna; a mis nietos, mis estrellas; y mis biznietos, mis constelaciones.

No son los muertos los que reposan en calma,
porque en paz descansan en la tumba fría.
Muertos son los que, teniendo un alma,
no han aceptado a Cristo todavía.

Tabla de contenido

Casa de Bendición	9
En Casa de Bendición	11
Como tú ninguna	12
¿Qué me contestas?	13
A mi pastor	15
Ese soy yo	17
Sonámbulo apocalíptico	19
Por eso	20
Una inspiración	21
Cómo se inspira un poeta	22
Eres real	23
Sin Dios	24
La espera	25
Me haces falta	27
Es una realidad	28
Te amo Señor	30
Depresión espiritual	32
Perdóname Dios	34
Mi convicción	36
Mi gran experiencia	37

Más que arrepentido	38
Llegaste tú	40
Llegaste a tiempo	41
Gracias le doy al Creador	42
Si me das la oportunidad	44
Invocación 1	45
Invocación 2	47
Gracias Señor	49
Hoy hablé con Dios	50
Señor, ¿llamaste?	51
Alivio	53
Fragmento	54
Una vida diferente	55
Diálogo con mi alma	57
Sabemos dónde nacemos	59
Qué es ser un cristiano	60
No es fácil	62
Un consejo	64
Vorágine	65
El mundo está dolido	66
Una voz en la oscuridad	67

Toma tu lecho y anda	68
Un deseo	69
Jesús lo hizo tan solo por ti	70
Y Él lo aceptó	71
Por eso… dejémosle actuar	72
Dilema	73
Tenemos la llave	74
Una noche comprendí	75
Los cuatro lados de la cruz	78
Todo fue borrado	79
Consejo a mis hijos	80
El reto	81
Petición al padre	82
Nuestro compromiso	84
En este caso qué Cristo haría	85
Siempre habrá una esperanza	87
Esperanza	89
Una esperanza	90
No hay lógica	91
Carta al Señor	92
Tan solo unas palabras	94

Confesiones	95
Dentro de rebeliones	96
Doy adoración a Cristo	98
Por la obra del tiempo	100
Cavilaciones	101
Doy adoración a Cristo II	102
El recluso	104
Nuestra manera de ser	105
Estar preparados	107
El pacto con Abraham	109
Así la quiero ver	113
Pensamientos	116
Incógnita	118
No cometeré más ese error	119
Recapacitemos	121
Los cinco lados de la cruz	123

Casa de Bendición

Somos una iglesia convencida
de que la obra iniciada por Dios
es aquella que nos concedió
al redimir nuestra vida.
Tengamos siempre encendida
y también bien enfocada,
la tea de la fe bien agarrada.
Con la gran y certera convicción,
que esa fe dentro de nuestro corazón
en nuestra vida será perfeccionada.

Pero como en toda organización
debe haber quien la comande,
al pastor Benjamín Sánchez
Dios le entregó este timón.
Con líderes de buena formación,
personas bien comprometidas,
apremiantes y bien instruidas
haciendo todo con gran diligencia.
Prontos para atender la urgencia
de toda alma que llegue aquí herida.

En esta casa varones y damas
tienen definidas sus vocaciones,
algunos inclinados a misiones
pero a otros el servir les llama.
Cada quien sigue y atiende su rama
y en todas son más que excelentes.
Cantantes y músicos conscientes
de ejecutar su tarea con dirección

para que comience a bajar la unción
en medio de todos los presentes.

Celebramos cultos de valores
y su auspiciador es Cristo.
Al que nuestros ojos no han visto
pero vive en nuestros corazones.
El que controla nuestras emociones,
Él es quien sana toda herida,
Él es el sostén de nuestra vida.
Por eso aquí en Casa de Bendición
hacemos la gran manifestación,
que somos una iglesia convencida.

En Casa de Bendición

Varios años van que estamos
en esta congregación,
y es nuestra afirmación
es serio lo que encontramos.
Lo que siempre esperamos,
una iglesia de gran visión
y cobijando en su misión
el sentido de hermandad,
de ayudar la comunidad,
y esa es Casa de Bendición.

Un domingo desde el estrado
en su turno del sermón,
el pastor trajo a colación
algo que dejó punteado.
Que Navidad es resultado
de un momento de luz,
cuando Dios en Jesús
se mudó aquí a la Tierra
para que el mundo tuviera
de su perdón la virtud.

También nos dejó el sentir,
que si algo pedimos al Padre,
ser claros y en detalle
de lo que vamos a pedir.
Que sepamos diferir
y hacerlo en forma segura,
con pensamientos de altura,
y seguridad arrolladora.
Si queremos una excavadora
jamás pidamos una grúa.

Como tú ninguna

Esta mañana discurre mi musa cabal
en busca de los mejores versos,
aquel que sea ágil, y que sea terso,
porque en nuestro aniversario
a mi esposa los quiero dedicar.
De Maritza, ¿qué puedo hablar?
Si no encuentro palabra alguna
que agilice esta mental laguna
para un pensamiento muy propio
que encaje con todo lo que es obvio,
porque como ella ninguna.

Llegó en un período indeciso
cuando mi vida emocional menguaba.
En un desborde, si se puede decir, así estaba,
y llegó ella, porque así Dios lo quiso.
Fue en el momento que era preciso
cuando mis noches ya no tenían luna
y mis días eran tan solo pura bruma.
Pero ella en despejados los convirtió
y una nueva esperanza de vida me dio
porque como ella ninguna.

Aunque tengo un poco de querella
porque se le va la mano en lo mandona,
es estricta, regañona y chabona;
pero hoy le doy gracias a Dios por ella.
Ha sido para mí la estrella
que alumbra mis noches sin luna.
Soy pobre, pero ella es mi fortuna.
Y esta mañana delante de mis hermanos
con el corazón en la mano,
te digo que como tú ninguna.

¿Qué me contestas?

¿Por qué te invade la tristeza?
Esta pregunta te la hago con toda firmeza,
porque imagino que sentimientos encontrados te aturden.
¿No será, por unos labios que bajo te susurran
de esas cosas sencillas y llenas de gran nobleza?
¿O, quizás no sabes con certeza lo que en realidad acontece?
¡Ya! ¿Será porque dentro de ti piensas que no mereces
el cariño de un amor que echaste al olvido?
Lo echaste seguramente sin hacer mérito a lo vivido
y ahora lentamente gracias a tu conciencia pereces.

¿Por qué esa cara de tanto pesar?
¿Tan inmensa es la culpa que llevas
que en tu alma aún llevas las huellas,
y he aquí tu instante de vacío y muy crucial?
Sé que está pendiente al momento quizás final
que al fin y al cabo todo en sí se desbande,
entonces ya no habrá ninguna situación relevante
y continuarás encerrado y sumergido en tu soñar.

¿Por qué tan callado estás de momento?
¿Es que ya ni levantar tu cabeza ya osas?
Imagino que tienes temor a un sinnúmero de cosas
que en vez de aplacar avivan más tu tormento.
¿O tampoco? Entonces espera un momento.
Déjame especular cuál será la verdadera causa
de ese encerramiento mustio, en ti mismo.
Porque como tus muchos otros han tenido ese egoísmo
de enfrentarte a todo y a todo tu mal poner en pausa.

Bueno, fácil esconder los ojos, pero no el corazón,
hace mucho tiempo que mi vida ofrenda por el pecador,

así que tranquilo, conozco todo tu dolor,
y también te daré la única y verdadera solución
de que olvides y te restablezca, y es el perdón.
Estando en aquella miré a los que me condenaban,
y aun mis discípulos, menos Juan, no estaban,
y hasta me traicionó con el que pan compartí.
Esa fue la misión por la cual yo me comprometí,
sacrificarme por los pecadores y los que me ignoraban.

Así que mi amado, lleva tu queja al cielo,
ahí está toda tu respuesta explicada.
Porque sin mi padre Dios, somos nada,
y en Él encontraremos paz a nuestro duelo.
Levanta tu vista del mustio y perdido suelo,
ten la seguridad que tendrás paz y gozo,
porque saldrás del pozo cenagoso
y echarás todas tus penas y dudas al vuelo.

A mi pastor

Pasando por Dorado se impactó
cuando tuvo una gran visión,
y guiado por esa revelación
una iglesia aquí organizó.
Mucha gente comentó:
«Absurdo que eso pueda suceder».
Es que no podían entender
por qué otra iglesia aquí fundada,
en sus mentes finita no cuadraba
cómo eso podría acontecer.

En ningún momento desmayó,
al contrario, continuó con el proyecto
de llevar la Palabra sin pretexto,
porque a eso Dios lo encauzó.
El Espíritu Santo le estimuló
y ya nada lo podría detener,
porque Dorado debía tener
un nuevo lugar de adoración
llamándole Casa de Bendición
y le entregó este taller.

En marquesina los primeros años,
así comenzó nuestro pastor
este ministerio con arrojo y sudor
que resultó en este rebaño.
Reconocido por pueblos aledaños
y por los de aquí al reconocer
que fue un llamado real y fiel,
para que Cristo siguiera impactando
y más almas se fuesen salvando

conociendo a un Cristo de gran poder.

Él no está solo en este ministerio,
está rodeado por líderes muy particulares,
hombres y mujeres excepcionales
que han tomado a Cristo muy en serio.
Todos saben a quiénes me refiero
que por el Espíritu se han dejado guiar
con capacidad para estimular
y estar con su pastor mano a mano.
Dios honre a estos hermanos
porque hasta aquí han sido leal.

Es de gran emoción
cada día poder aquí llegar,
sentir de manera muy peculiar
cómo nos llenamos de emoción
porque en cada reflexión
es mucho lo que aprendemos,
más que ejemplo aquí tenemos
de lo que es lealtad y devoción,
por eso decir en esta ocasión
que con Cristo venceremos.

Déjenme aquí señalar
y así queda demostrado,
que aquí nunca se ha tratado
ningún patrón religioso manejar.
Nunca se han dejado llevar
por la mera emoción,
sino por la sana dirección
del gran Espíritu Santo
y de un pastor que ama tanto
esta obra, Casa de Bendición.

Ese soy yo

Solo soy el silencio de la noche,
el silbido del viento en lontananza;
solo soy del recuerdo, la añoranza
y de la fuente, el agua que brote.
Solo soy el susurro de un clamor
al oído presto de su bella amante;
soy el jinete del dolor galopante
que ha quedado domado por el amor.

Solo soy el que busca cancelar lo negativo,
adentrándose en el trémulo mar de la vida,
con la red de la esperanza bien extendida
inquiriendo atrapar en ella todo lo positivo.
Por eso dentro de la vida y sus cruzadas,
hay que tomar una decisión concluyente,
enrolarse sin demora y apresuradamente
en el ejército de Dios y en su avanzada.

Solo soy buscador de pensamientos fecundos,
dentro de las enramadas de estériles quimeras
converjas en esperanzas, llegando a la rivera
de la sensatez y la coherencia de este mundo.
No hago acepción de circunstancias, de hecho,
somos creación del mismo arquitecto, Dios,
hechos a su imagen y semejanza, más por eso
hijos de Él somos, por inquebrantable derecho.

Solo soy siervo inútil, alma consentida,
recuerdo zarandeado en la distancia.
De la tristeza, la risa íntima, en constancia,

un sumiso retoño del sembrador de la vida.
Solo soy murmullo en lo apacible de la noche
definido solo por lo sublime del corazón.
Soy tan solo espíritu, alma y cuerpo;
soy tan solo de Dios su sobria creación.

Sonámbulo apocalíptico

Todo parece traslativo,
y se figura que esté todo desecho.
Siento una angustia latir en mi pecho
y una voz sin sentido retumbar en mis oídos.
Me siento nostálgico, cansado, ido,
sin poder concentrarme en lo que hago.
Que todo me da vueltas y es vago,
y que el mundo sucumbe hecho trizas.
Que todo es de papel y lo barre la brisa,
que todo es movedizo y se escapa.
Siento una campana que repica y atrapa
el viento frío del odio que hiela,
aparece como densa cortina de niebla,
y del mar emerge un torrente de espuma
que se une con la ignorancia convertida bruma,
se pierde el amor y la fe se desdeña.
El odio prende como seca leña
y el amor se queda rezagado.
Todo se está quedando a un lado,
perdiendo importancia en lo que se sueña.
Despierta, incompresible mundo que desdeña.
Se oyen rumores, el novio ya está muy cerca,
corramos a prisa y llevemos la voz de alerta,
la puerta se cierra, la oportunidad se estrella.

Por eso

Por eso vale la pena amar con todo el corazón,
cuando cada lágrima y sonrisa son sinceras.

Vale la pena los errores,
si de ellos aprendemos a no cometerlos más.

Vale la pena acordarse del pasado,
si fue beneficioso para nuestras vidas
y además si dejamos huellas positivas.

La vida es un continuo comienzo,
y llegar al final depende de nosotros.

Por eso que nuestro testimonio hable tan alto,
que nuestras palabras no puedan escucharse.

Una inspiración

La poesía es inspiración del alma
y sus versos los mensajeros del destino.
El poeta juega con las palabras y entre jugueteo
les encuentra a esos versos en su visión un sentido.

La poesía son palabras domadas por la pluma del escritor
que alcanza a apresarlas en sus sentimientos.
Por eso escribo, por eso siempre intento
convertir el dolor en el vehículo que, en vez de quitar,
me de vida en todo momento.

 Para ti querido Dios, Rey del universo,
que has inspirado estas estrofas traídas,
y ellas, entre la musa entremetidas
han dado a luz a estas, unas coplas en vivo verso.

Cómo se inspira un poeta

El poeta tan solo necesita
concentrarse en quien adora,
profundizar en lo que quiere
y abrir su corazón.
Coquetear con lo que sufre,
poner en verso lo que implora
y dejar que salga el llanto
que le aprisiona la ilusión.

De noche consulta su almohada
y en ese momento su espíritu vuela
buscando muy adentro del pensamiento
lo que sus manos después han de escribir.
Y al final de toda esa jornada
comienza su poesía a tomar su forma
y saca de la mismísima nada
lo que su alma comienza a sentir.

Se llenan de miles de deseos,
de sensaciones y pasiones
que vagan en el infinito
que sus ojos no han de ver jamás.
Muchos son los que les llaman locos
porque escriben de sus desdenes
y de sus eternos desafíos.
Y aun con todo eso
quieren seguir soñando más...

Eres real

En mis sueños te visualizo y me pongo a cavilar,
¿cómo serás realmente?, ¿cómo tu voz se escuchará?

Le pregunto al viento si te ha presentido,
al Sol si te ha visto y a la luna si ha sentido tu soñar.
A sabiendas a la mar le pregunto cómo fueron tus pasos,
cuando en sus orillas y sobre sus aguas te ha sentido caminar.

Desnudo mi vida y calzo mis sentimientos,
desgloso mis quimeras en un acto final,
pues es que me siento ante ti descubierto.
Has llenado mi vida, has calmado mi terrible vendaval.
Ahora te pienso más realista y en sigilo
comienzo a desmenuzar misterios internos,
y en los tonos del atardecer te comienzas a mostrar.

En el llanto de un niño simbolizas la vida,
en el rugido del mar se nota tu irrefutable presencia,
y aun en el fuerte soplo del viento,
se siente tu poderosa mano gesticular.
Y en movimientos sutiles te describes con agudeza,
diciéndome: «Yo creé los mares, el cielo y la tierra,
lo que vive y lo que algún día perecerá.
Y en esas estás tú, que te formé con entereza,
y algún día a mí has de regresar.»

Sin Dios

Dios, qué será lo que me pasa,
qué tormento será este que me ahoga,
que me exprime el sentimiento y ahora
está atrapado, algo me despedaza.
Vivo sin fuerzas y en un desespero,
aun más que eso, en un abismo
creado en un sentido por mí mismo,
ya nada sé, ya nada quiero.

Antes parecía todo tan bello,
tan lejano de este burdo infierno
que a todo momento estoy enfermo
jactado ya de este maldito sello.
Dios, qué cruel es el destino
cuando se ensaña, cuánto hiere.
Cuando por ser así todo se pierde,
todo se acaba, fin del camino.

Lloro una amargura que me mata,
vivo una vida que me quema,
rastro de dolor, una cadena
con eslabones de vida ingrata.
¡Qué vida!, no amor, solo llanto,
negrura todo, el más vil desespero.
¡Ya basta!, quedar sereno prefiero,
no puedo soportar ya tanto.

Espantoso si de Dios nos separamos,
todo se trastoca y se llena de absurdos.
La solución, tirar fuera los pesados bultos
y acopiar dóciles lo bueno que tiramos.

La espera

Noche de luna, quizás estrellada.
Noche de nervios, personas intranquilas.
Noche de pensamientos que el alma asimila.
Noche de ansiedad por una próxima gran llegada.
Afuera, diez vírgenes esperaban para poder entrar.

Estaba nerviosa y en su espera se encontraba muy inquieta,
pero sabía que a quien esperaba, cumpliría su Palabra al punto.
Sabía que era vital y queda claro que era muy real este asunto.
El esperado novio está por llegar y habrá una gran fiesta.
Hay una significativa multitud segura de su amado.
Hay una gran multitud segura de la promesa que se le ha dado,
que en algún momento desconocido, Él se manifestará a cumplir
su Palabra de regresar por su novia y eternamente con ella vivir,
porque Él es el novio de novios, el perfecto, el gran deseado.

Siguen en las afueras con avidez el novio aguardando,
unas invitadas especiales para tan magistral encuentro.
Son diez que esperan ávidas este peculiar momento,
cinco se han preparado muy bien, las otras cinco ni tanto.
La novia de continuo sigue su momento organizando,
va en repaso de su vida de comunión y espera,
trayendo a memoria cuando le conoció por vez primera,
cuando arrastraba una vida sin fe y por el mundo vagando.

Hace tiempo que existe esa espera, Él se aproxima, ya viene,
no hay tardanza, Él ha dado toda oportunidad, está en control.
Es de conocimiento general que la espera ha tenido su valor,
pues muchos se han preparado y la esperanza en Él retienen.
De lugares inimaginables e inconcebibles muchos provienen,
quieren estar presentes del momento en que aparezca el deseado.
Lo esperan las naciones donde la aspiración de la novia ha llegado,

que se mantengan en una vida de comunión y segura, que la tienen.
Que tengan memoria unánime que esa invitación es verdadera,
que recuerden cómo antes era su vida, todo un lugar desorganizado.
Su existencia, su andar, todo era caos espiritual, un total desagrado,
pero Él todo borró y reasignó como si nada de esa vida supiera.

De pronto se escucharon rumores, la comitiva está muy cerca,
hay lámparas que ya parpadean y urgente necesitan una recarga.
Pero qué horror, hay cinco que muy tarde al revisar se percatan
que su provisión se agota, y quién de su aceite a ellas ofrezca.
Corren de inmediato a buscarlo, pero el novio ya se apresta.
El tiempo avanza, ellas no regresan, en ese momento llegó el novio,
todos jubilosos a las bodas entran y las puertas, como es obvio,
todas han sido cerradas, ya no hay tiempo, todos entraron, nada resta.
Júbilo hay entre todos los que muy diligentes a tiempo estuvieron,
muy bien se prepararon y perseveraron, para ellos una eterna fiesta.

Moraleja, todos con nuestra invitación a mano estamos en espera
y siempre nuestro oído espiritual presto al sonido de la trompeta.
Con nuestras lámparas de fe llenas y con la recarga correcta,
buscando que nuestra fe sea, como las cinco sensatas, una duradera.

Me haces falta

Me haces falta, ¿sabes por qué?
Si dormido estoy, mi sueño lo eres tú,
y al despertar busco con prontitud
lo que en mi corazón enmarqué.

Añoro hablar de ti todo momento
con tus pensamientos fijos en los míos,
que a veces exclamo ¡Dios mío!
 ¿Por qué será esta sed que siento?

Si solo me encuentro, pienso en ti,
y en el vaivén de mis pensamientos
siempre hay presente un momento
donde todo tu ser es parte de mí.

Por eso y mucho más comprendo
lo que representas en mi vida,
de mis ilusiones la más querida
y mi más amado momento.

Que jamás llegue el día en que yo me retire,
cuando mis palabras no te sean gratas,
aun sintiendo esa humillación que me mata
te diré: «Perdóname, por favor no me olvides».

Tropezarme contigo ha sido lo mejor de mi pasado,
y tenerte para siempre será lo mejor en mi futuro.

Es una realidad

En este tiempo señores
mi deseo más insondable,
que terminen todos los males
y se rescaten nuestros valores.
Dejar de ser actores
y decirle a la humanidad
que la única verdad
es dar respeto y alegría,
amar sin hipocresía
es la pura realidad.

Valor sin precedente,
no medible en dinero.
La verdad como lucero,
el mejor de los presentes
que regala el creyente
a su amigo, a su hermano.
En todo tiempo darle la mano
no buscando los metales,
amor y paz los ideales
como ejemplo del cristiano.

Demostrar a este mundo
que está lleno de maldad,
un ejemplo de cristiandad
y amor de lo más profundo.
Decir al que no tiene rumbo
que una estrella le guía,
que su paz y alegría
son el camino certero,

por eso ofrecerle quiero
a Jesús del alma mía.

Y por eso ser muy decidido,
rogando de todo corazón
que seamos de bendición
a este mundo sin sentido.
No dejemos en el olvido
lo que es la cristiandad,
que Jesús es la verdad
que alumbra nuestro camino,
y por eso, hoy y siempre digo,
que Cristo es una realidad.

Te amo Señor

Te amo Señor,
no solamente por lo que Tú eres,
sino por lo que soy yo
cuando estoy en comunión contigo.

Te amo Señor,
por la parte de mi ser
que hace que te alabe mi alma.

Te amo Señor,
porque introduces tu mano en mi corazón
que estaba repleto de tan diversos sentires.

Te amo Señor,
porque pasaste por alto sentimientos débiles,
pequeños y tontos que se ocultaban
muy profundos en mí.

Te amo Señor,
porque sacaste a ras las cosas bellas
que nunca nadie jamás había notado.

Te amo Señor,
porque de la madera de la vida
me has ayudado a edificar
el más bello de los templos,
en lugar de la oscura caverna
donde por tanto tiempo me encontraba.

Te amo Señor,

porque, además,
has convertido mi constante lucha en placer,
en lugar de doloroso sacrificio
como era antes de tu hallazgo.

Te amo Señor,
porque superando todas las fuerzas del destino
me has hecho un hombre feliz.

Te amo Señor,
porque has realizado maravillas en mi vida
sin gestos ni señales confusas,
solamente con la potencia que emana de todo tu ser.

Te amo Señor, por ser solamente Tú,
 claro y sencillamente Tú...

Depresión espiritual

Dios, qué será lo que me pasa,
qué tormento será este que me ahoga,
que me exprime el sentimiento y ahora
está atrapado, algo me despedaza.
Vivo sin fuerzas y en un desespero,
aun mas que eso en un abismo
creado en un sentido por mí mismo;
ya nada sé, ya nada quiero.

Antes parecía todo tan bello,
tan lejano de este burdo infierno
que a todo momento estoy enfermo,
jactado ya de este maldito sello.
Dios qué cruel es el destino
cuando se ensaña, cuánto hiere.
Cuando por ser así todo se pierde,
todo se acaba, fin del camino.

Lloro una amargura que me mata,
vivo una vida que me quema,
rastro de dolor, una cadena
con eslabones de vida ingrata.
¡Qué vida!, no amor, solo llanto,
negrura todo, el más vil desespero.
Ya basta, quedar sereno prefiero,
no puedo soportar ya tanto.

Terrible es cuando de Dios nos separamos,
todo se transforma, todo se llena de absurdos.
La solución, echar fuera todos los pesados bultos

y recoger dócil todo lo bueno que derramamos.
Volvernos a Cristo con toda premura,
volvernos al primer amor que nos espera.
Aferrarnos de todo corazón a esa quimera,
al amor de Dios y su eterna dulzura.

Perdóname Dios

Una noche encontré la respuesta
a la vida que antes viví,
y entonces fue que yo comprendí,
no era de lo más correcta.
Que Dios el pecado detesta
pero que ama al pecador,
que es un refrigerio su amor
y nos lleva por la brecha
de una relación bien estrecha
con Él, nuestro gran Creador.

Días antes rechacé dar el paso
que sería el correcto y diligente.
La vieja criatura estaba renuente
a mi vida darle un nuevo trazo.
En una visión vi el rechazo
de Dios hacia el desobediente,
un destino muy doliente
para el que está pecando
y que no anda buscando
el perdón del Dios viviente.

Esa noche en claro me mostraba
las consecuencias del pecado,
que siempre me había amado
pero su paciencia se agotaba.
Y ahora qué más me faltaba
me llegué a preguntar.
Corriendo llegué al altar
y ante mi Dios me postré;

cuando en esa ocasión le acepté
mi vida comenzó a cambiar.

De ese episodio hacen muchos años
muy claro recuerdo cuando mi vida redimí,
y fue en ese momento que realmente conocí
al Pastor del rebaño.
No se puede vivir en engaño
y en esto sí que yo insisto,
solo de una verdad revisto.
Amante de los pecadores,
sanador de mil dolores
y esa verdad es mi Cristo.

Cómo no le he de honrar,
si de mucho me ha guardado
y me ha hecho soldado
de su ejército filial.
Espero su regreso triunfal
y en los aires le encontraremos,
juntos todos a Él celebraremos
lo que tanto se ha profetizado,
ese gran momento esperado,
estar en las bodas del Cordero.

Mi convicción

Perdóname Dios,
por no saber nada comprender,
por codiciar mil cosas ajenas,
sabiendo que en mí no vale la pena
anhelar lo que no se puede obtener.

Perdóname Dios,
por engañar sin compasión
a quien merecía mi mayor sinceridad,
por confundir siempre la verdad,
por haber traicionado más de un corazón.

Perdóname Dios,
por no dar una limosna tan solo,
por no entender la virtud del amor,
por ser demasiado susceptible al dolor,
por brindar solo migajas y no darlo todo.

Perdóname Dios,
porque ni en una oración te he invocado,
por ser así de esta manera tan descarriada,
por no darlo todo a cambio de nada,
por haber estado conscientemente equivocado.
Por todo eso y por todo lo demás, Señor, perdóname.

Mi gran experiencia

Ya son muchos los años
cuando tropecé con la gran verdad.
Fue en plena Navidad,
justamente en despedida de año.
Mi vida antigua para nada extraño,
tengo una nueva en la que renací
cuando al Cristo real conocí,
y jamás de eso me arrepiento.
Porque en ese preciso momento
de muerte a vida, entiendo resalí.

Y jamás, pero jamás me lamento,
por esa precisa decisión,
y hoy llevo mi corazón
atiborrado de agradecimiento.
Cristo llegó en ese momento
más transcendental de mi vida,
donde sanó cada una de mis heridas,
me re inventó como nueva criatura.
Una realidad que todavía perdura
en mí un gran gozo sin medidas.

Ya son muchos los años vividos
de esa espiritual y grata visita.
Señor, todo el que un cambio precisa,
visítale como hiciste conmigo.
Que en Cristo la vida cobra sentido,
no podemos dejarnos engañar.
Solo en el mundo vamos encontrar
tristezas, malos ratos y desengaños.
En Cristo nunca habrá nada extraño,
todo es genuinamente real.

Más que arrepentido

Después de haberte conocido,
impuso el enemigo una situación engañosa
a través de cosas extrañas y ajenas.

Después de haberte distinguido,
es inútil buscar explicaciones sin sentido,
escenario que brinde refugio o copa de olvido.

Antes concebía, ahora estoy en vida muerto,
morí cuando a un lado te había echado,
y olvidé por unos momentos algo muy importante,
reconocer que tú, mi Cristo, siempre estás a mi lado.

Después de haberte alabado y estado contigo,
de color ingrato me es todo.
Lejos han quedado algunos sentimientos,
ojos ciegos tengo para otro apego, resisto,
porque sé que mi confianza sigue siendo Cristo.

Aunque a veces siento mucho tenerte como ausente,
uno revive las promesas hechas ante el altar,
sentando bases de gran confianza y optimismo
en todo lo que el corazón así lo entienda.

Nos toparemos en algún momento en esta vida,
trazando líneas paralelas con gran afán,
y entonces postrado a tus pies ahí estaré.

Envía calma sobre la tormenta Señor,
serena las pasiones con bálsamo de oración,

aumenta tu dosis de misericordia,
aunque solo me sienta, tú mi Dios llenas mi ser.

Después de haber estado contigo,
imposible olvidarte, desearte y no amarte;
y aunque lo intente, en vano será poder dejarte.

Aunque solo me sienta, tú mi Dios llenas mi ser,
y entonces postrado a tus pies ahí estaré
en todo lo que el corazón así lo entienda.
Porque mi confianza sigues siendo tú, mi Cristo.
Y lo es al reconocer que siempre estás a mi lado.
Eres el escenario que me brinda refugio
contra las cosas extrañas y ajenas.

Llegaste tú

Cuando creía que no volvería amar jamás,
llegaste tú.
Cuando toda ilusión estaba perdida,
llegaste tú.
Cuando ya de todo comenzaba a desconfiar,
llegaste tú.

Toda mi confianza primero está en Dios
y ese amor perdido Él lo ha vuelto a revivir,
porque comencé de nuevo a existir
cuando llegaste tú.

En momentos dados de mi vida
en los cuales me encontraba ya sin ilusión,
vacío, solo, no sentía para nada el corazón,
cuando llegaste tú.

Por dentro de toda esa condición
llegaste tú.
Dios puso paz en medio de la tormenta
cuando llegaste tú, Cristo.

Llegaste a tiempo

Los sentimientos surgieron al momento, no de la nada,
y este surgió en el preciso instante en que te conocí.
Era un momento dado y fue extraño lo que sentí,
en lo profundo a mi corazón una voz misteriosa susurraba.

Que como corcel brioso que desesperado galopaba,
sentíame como muchacho inquieto e hiperactivo.
La penumbra de la noche era cómplice sensitivo
de la marea que el mar de mi vida ya bajaba.

No sé qué sucedía, algo ese momento mi mente perturbaba,
preciso momento donde mis pensamientos eran encontrados.
En tropel se allegaron los sentimientos ya enterrados,
pues eran sus deseos el de revivir por fe nuevamente.

Recuerdo que aguardé con esperanza ferviente
poder cruzar esa grata experiencia contigo,
y al cielo pongo como único y veraz testigo,
que el estilo e instantes habidos fueron suficientes.

Han pasado los días, los meses y los años a saber;
y aquel encuentro de aquella noche se ha acrecentado más.
Eran días en que mi vida pedía a gritos paz,
porque me sentía completamente a punto de fallecer.

Pero llegaste tú y la experiencia que tuvimos en haber,
me llevaron a examinar más de cerca mi condición,
y al hacer ese auto examen, llegué a la conclusión
de que tú, mi Dios, algo reservado me habías de tener.

Gracias le doy al Creador

Gracias le doy al Creador
por lo que ha hecho en mi vida,
cuando sanó mis heridas
llenando mi vida con su amor.
Quitó todo emocional dolor
que no me hacía poder entender
el propósito que mi Cristo habría de tener,
y en esos instantes escuchó mi clamor.

Es tiempo de celebrar
porque tenemos una razón,
Cristo nació en nuestro corazón
y libremente le podemos hoy adorar.
Porque en este caminar
estaremos siempre de Él buscando,
y su nombre siempre alabando
con el más intenso placer,
porque siempre habremos de tener
el borde de su túnica bien agarrado.

Aunque el tiempo se nos ponga de enemigo,
debemos tener siempre en cuenta
buscar la paz en medio de la tormenta
y levantar nuestras manos al Divino.
Porque Cristo a este mundo vino
a los pecadores y descarriados perdonar,
y así ellos poder por su gracia alcanzar
perdón por los errores cometidos.
Consolar a todos los corazones heridos,
entendiendo que su gloria podrá alcanzar.

Por eso debemos de cantar,
y al hacerlo, hacerlo de corazón.
Que sea un canto de gran devoción,
porque es a Cristo a quien hemos de adorar.
Es tiempo de con gozo celebrar
y también desprendidos compartir,
porque es tiempo de buscar recibir
la bendición de su augusta presencia,
porque sabemos por propia experiencia
que sin Cristo no podemos vivir.

Si me das la oportunidad

Si Dios me permitiera, de nuevo amaría.
Pondría a todo lo pasado un sello,
mirando de cara al futuro, a lo bello
y al amor tronchado lo sepultaría.

Cuántos golpes ha resistido este corazón.
Cuántos desdenes, cuantos desvaríos.
Que cuando otros ojos tropiezan con los míos
en vez de alegría, temo una desilusión.

Si Dios me permitiera de nuevo amar
miraría una por una todas sus estrellas,
quizás algún mensaje habrá en una de ellas,
quizás la clave de esta angustia, de este penal.

Desilusiones han sido la orden del día,
tumultos formados en la superficie abrupta,
en la confrontación de esta vida tan augusta
que al final del todo quedó un alma vacía.

Si Dios me permitiera de nuevo amar,
reduciría a la mínima expresión el temor,
al corazón dictaría que echara fuera todo dolor.
Quizás con la fe de formar un hogar comienza a asomar.

Cuando digo que si Dios me permitiera de nuevo amar,
es porque aún muy adentro está prendida,
tan adentro y profundo que no me importa cada herida.
Los labios profieren olvido, pero el corazón ansía retornar.

Invocación 1

Señor,
gracias te damos en esta hora por tu presencia.
Gracias por ser nuestra inspiración noche y día.
Gracias por ser la voz espiritual que nos guía.
Gracias por rescatar nuestra conciencia.
Gracias por hacerte real en nuestra existencia.
Por ser nuestro único y exclusivo Salvador.
Gracias mi Dios por tu gran amor.
Gracias por darle a nuestra fe consistencia.

Señor,
sabemos que este camino no es de puras rosas,
debemos cuidarnos de esas espinas escondidas
que de momento pueden dañar nuestras vidas.
Por eso te pedimos más pasión por tus cosas.
Ayúdanos echar fuera la vida espiritual ociosa,
que te alabemos, Señor, con gran insistencia,
porque solo hay paz y gozo en tu presencia,
y solamente tú haces nuestra vida dichosa.

Señor,
al contemplar tu hermosura en nuestra vida
entendemos la forma sutil en la cual te revelas,
en el amor manifestado en todos los que celas,
cómo nos proteges y sanas nuestras heridas.
Tu gloria se derrama y la malicia es vencida
porque de todas ellas tú nos has librado,
llenas de alivio al corazón agraviado
y nuestra fe en ti es más fortalecida.
En esta hora, bendice Dios mío toda vida.

Bendice y guarda a toda nuestra gente,
en especial el que mal ahora se encuentre,
y a todo el afligido, dale a su angustia salida.
Bendice todo culto de almas redimidas
por el poder de tu sangre redentora.
Que todo lo que se haga a toda hora
sea la meta de salvar almas y sanar heridas.

Dios, bendice a todos mis hermanos
al igual a los que vendrán a tu camino.
Ten listo mi Dios el aceite ungido
que ha de ser hoy y siempre derramado.
Toma como perfume de olor grato
las alabanzas, y todas las manifestaciones
que han de salir de nuestros corazones,
porque alabarte Señor es nuestro trato.

Señor, boca arriba siempre esté nuestra copa
esperando con tu Palabra llenarla,
hacerla nuestra, retenerla y usarla
en cada tiempo que nos toca.
Señor, llena de alabanzas nuestra boca,
unge grandemente nuestros cantos.
Que todo lo hecho para ti, te sea agradable.
Y todo te lo pedimos en el nombre del Padre,
del Hijo y del Espíritu Santo.

Invocación 2

Señor, padre bueno y santo,
gracias por siempre permitirnos
todo tiempo en tu templo reunirnos,
que nos cubras con tu manto.
Y con humildad, por tanto,
te pido que nuestros corazones
latan fuertes con los ardores
de estar a tu llamado prestos.
Que todos estemos dispuestos
a rendir nuestros corazones.

Dios, condúcenos por accesos sanos
y quita los obstáculos del camino.
Seamos de tu Palabra investidos,
que tu poder cada día sea derramado.
Toma cada corazón quebrantado
y llénalos con tu motivación.
La alabanza brote en proporción
porque alabarte nos es grato.
Cambia lo improbable en el acto
y reviste de tu amor nuestros corazones.

Ten siempre buena provisión
para los que acepten el reto
de llevar el mensaje correcto,
aplicando la Palabra con precisión.
Embriaga sus vidas con la intención
de llevar tu evangelio sin emociones,
rescátalos de impropias situaciones
y que te den la gloria a ti por supuesto,

que su actitud sea de estar dispuestos
a no rendirse en las malas situaciones.

Ser cristiano no es camino de rosas,
habrá muchas espinas escondidas
tratando de afectar nuestras vidas.
Por eso pedimos desear más tus cosas,
para evitar una vida espiritual ociosa.
Que tengamos grandes motivaciones,
que no importan las tribulaciones
porque tú haces nuestra vida gozosa.
Por eso no deseamos en ella otra cosa
que estén siempre dispuestos los corazones.

Señor, boca arriba está nuestra copa
esperando con tu Palabra llenarla,
hacerla nuestra, retenerla y usarla;
que tomemos cada cual lo que nos toca.
Que esté presta siempre nuestra boca
para llevar la mejor reflexión
en tu nombre, con poder y precisión
saca fuera de nuestro ser todo quebranto;
y cobíjanos a cada hora con tu manto,
que nuestra comunión te sea agradable.
Y todo te lo pedimos en el nombre del Padre,
del Hijo y del Espíritu Santo. Amén.

Gracias Señor

Gracias Señor, porque solo en ti
encontré la paz y el amor deseado.
Gracias Señor, porque me has dado
la esperanza y la fe que nunca conocí.
Gracias Señor porque contigo aprendí
el valor de los sentimientos humanos,
a darle al necesitado la mano
como tú un día me la diste a mí.

Gracias Señor, porque disipaste
esa tiniebla que a mi alma tapaba;
por tanto, el camino seguro no encontraba.
Y en esa oscuridad tú me encontraste,
mas con tu perdón me demostraste
que me has amado desde niño.
Y que para siempre será ese cariño,
porque aun siendo pecador jamás me rechazaste.

Gracias Señor, porque con tu sacrificio fui sellado,
fue el precio para que pudiese ser libre,
libre de tropiezo, porque tú me redimiste
y quitaste las cadenas que me mantenían atado.
Y aunque el enemigo siempre ha tratado
de envolvernos en las trampas de sus redes,
tú has puesto vallado, muros y paredes
para no caer de nuevo y decir no al pecado.

Hoy hablé con Dios

Hoy hablé con Dios,
dialogamos sobre las cosas que me atormentan,
sobre las cosas que aún no comprendo,
sobre las cosas que muy adentro se internan.

Hoy hablé con Dios,
y si mal no recuerdo, le dije quién yo era,
de los deseos internos de acercarme más a Él.
De mejorar mi situación y dejarme de quimeras.

Hoy hablé con Dios,
y en mi extenso hablar,
hablamos de este mundo que está lleno de espantos.
Al que se le ha predicado y amonestado con la Palabra
y que se le ha confirmado con ella que tú no tardas tanto.

Hoy hablé con Dios,
porque lo deseaba de una manera exagerada.
Mi alma tenía sed de Él, de ese Dios vivo
que con su gran amor y paciencia me escuchaba.
Pero más que hablar, constantemente le preguntaba
por este mundo que perece sin darse la menor cuenta,
y ha puesto oídos sordos a la Palabra que se le predicaba.

Hoy hablé con Dios,
y ante su presencia vacié mi alma,
abrí mi corazón para que todo lo oculto a la luz saliera.
Dejé ante su altar el cúmulo total de mis pruebas,
para no dejar nada, todo limpio, sin huellas;
todo lo que estorbaba nuestra comunión echado fuera.
¡Qué bien se siente mi espíritu,
qué alivio siente mi alma!
¡Hoy hablé con Dios!

Señor, ¿llamaste?

Señor, ¿llamaste?
Seguro estoy de haberte escuchado,
de haber oído tu llamado.
¿Es quizás un poco tarde? ¿O no?

Todo este tiempo que ha pasado Señor,
estaba sordo, aunque sentidos espirituales tenía,
mas también boca y enmudecía
e hice caso omiso a tu reclamo.

De vano proceder es, Señor mío,
el hombre con testimonio necio
sin nada espiritual, sin nada de precio.
¡Está solo!, rodeado por un mundo de completo vacío.

He aquí mi vida en este instante te la entrego,
tómala, tómala en tus manos Señor,
rómpela, sé mi Alfarero, hazme de nuevo,
desecha todo pedazo viejo, te lo ruego,
toma barro nuevo y haz de mí una nueva creación.

Señor, déjame sentir el fuego abrazador
de tu presencia el resto de mi vida.
Cauteriza hoy, Dios, todo rasgo de herida.
Ven Señor, cambia en gozo toda actitud de dolor.

Señor, ¿llamaste?
He oído tu voz, ¡sí, la he oído!
He sentido y escuchado tu llamado,
y a ese llamado deseoso quiero responder.

Señor, ayúdame, quiero hasta el fin serte fiel,
ser digna criatura que tú creaste.

Señor, sé que llamaste,
porque he notado algo extraño, mi ser vibra.
Todos mis sentidos han captado tu presencia.
Siento cómo se transforma mi existencia
y en este instante ha tomado gran validez mi vida.

Señor, Señor, ¿me llamaste?
Heme aquí, heme aquí Señor.

Alivio

Sediento de amor y de ternura
viajaba un corazón sin destino,
sin patria, sin luz, sin sentido.
Solo y triste arrastrando su amargura.
Qué tristeza cuando la vida procura
aroparnos con sus tantas intrigas,
llenando cántaros de penas y mentiras,
envolviendo inocentes en redes oscuras.

A lo lejos, un oasis fresco de amor
se distingue como una última esperanza,
y hacia él con gran afán se lanza
tratando de mitigar un poco de su padecimiento.
Las aguas claras refrescan su sufrimiento
y calman la sed de intranquilidad que le embarga.
Bajo el sombrío deposita su pesada carga,
despeja su pensamiento de todo clamor.

Ese corazón era el mío, que buscaba sosiego
de tanta carga impuesta y de tanto vagar
por un mundo de enredos y burlas sin par,
vorágines depredadoras que me tenían ciego.
Soy libre ahora, ahora deseo tu amor sin riesgo.
Cristo, eres mi oasis de descanso, amor y ternura;
estimulo mío, de indispensable y bella frescura;
me devolviste toda mi fe y del pecado reniego.

Fragmento

Te digo que son cosas de la vida,
pero siempre estaré pensando en ti,
hay cosas que se quedan, otras van de salida,
pero tu presencia se ha quedado en mí.
Aunque jamás pensé estar contigo,
el corazón me dice que te alcancé,
y que, aunque mis ojos jamás te han visto,
mi corazón, Jesús, te vio como jamás pensé.

Una vida diferente

Estos días somos testigos
que toda humana naturaleza
le rinde con mucha entereza
adoración al Dios vivo.
Aunque son tiempos nocivos
tenemos una verdadera razón,
que no importa nuestra condición
Cristo siempre será nuestro amigo.
Y nuestro andar siempre será festivo
porque a Él pertenece nuestro corazón.

Mandato el Señor le dio
aun antes que naciera,
que por amor padeciera
y por ese amor murió.
Descanso Jesús no conoció
cuando en toda Judea fue a predicar,
pues su mensaje tenía que llevar
concentrado en la paz de los humanos,
y así en estos días como hermanos
unidos por la vida en fe caminar.

Qué pena en ese tiempo sentía
cuando a su pueblo ministraba,
viendo que la gente se alejaba
más de su Padre, el Señor cada día.
Esto pasa en este momento todavía,
sigue el mundo en un loco vagar,
metido en pecado, sin poder parar,
porque la verdad no ha conocido,

estará por siempre muy herido
si a Cristo no comienza a buscar.

La vida será muy diferente
con el Señor en nuestra vida
evitando que se habrán heridas
y borrando todas las existentes.
Seremos otros entre la gente,
nuevo sentir mantendremos.
Por amor a Cristo tendremos
la fuerza de un valiente.
Pongamos en alto nuestra frente
y en su nombre venceremos.

Porque Dios es bueno,
qué bueno es Dios.

Diálogo con mi alma

Tenue mirada la que tienen tus ojos,
marcando en tu rostro una triste decepción.
Lleva una oleada de coraje tu expresión
como tratando de sacudirse mil despojos.

Coraje que quizás toda tu vida has guardado
y que ahora de momento reviviste,
porque tus labios no vibraron como quisiste
al unirlos a otros en el mismo estado.

Dime qué deseas de la vida en este momento,
qué esperas del tiempo que se aleja,
qué quieres de la vida ya cansada y vieja,
de los años que sufriste en amplio tormento.

Tenue mirada y tenue sonrisa la de tus labios
que se enmarcan en mueca sin sentido,
quizás pensando en la burla del destino
y en todas las afrentas y todos sus resabios.

Qué brille la luna en tu noche oscura
y salga el sol sobre tu madrugada fría,
para que te embeleses en coqueterías
y puedas salir de esa perenne tortura.

Alza tus ojos y dale gracias a Dios
porque está brillando el sol de justicia
sobre la complejidad; fuera la inmundicia,
fuera la soledad y despídete del odio.

Llena tu alma y tu vida de quietud.
Sal fuera del espejismo de la vida,
deja que sane todas tus heridas
y eleva tu ego y tu espíritu.

El desamor ya será cosa del pasado,
pon fuerzas a esa una nueva oportunidad.
Jesús redime con pasión la eternidad
porque la verdadera vida ha comenzado.

Sabemos dónde nacemos

Corretjer, un poeta de esta tierra,
con musa muy bien inspirada
en cada verso a la vida le era sacada
la verdad grande que encierra.
Hacía que el verdadero sentir saliera
con su gran destreza al escribir,
dejando resaltar su íntimo sentir
cuando compuso aquella frase:
«Sabe el hombre dónde nace
pero no dónde va a morir».

No hay verdad más grande que esa,
que el hombre nunca reacciona,
solamente piensa en su persona
y en fabricar muchas riquezas.
No sabe que lo que empieza
algún día se ha de suprimir.
A veces es mejor pobre vivir
y tener a Dios siempre al alcance.
Sabe el hombre dónde nace
pero no dónde va a morir.

Qué importan los muchos avales,
los carros de lujo y la ropa de marca.
No importa quién seas, poco abarcas,
lo honesto de tu corazón es lo que vale.
De ese corazón es de donde sale
cómo en realidad es tu existir,
cómo en realidad quieres vivir.
Analiza tu vida, ajústala y renace.
Porque sabe el hombre dónde nace
pero jamás dónde va a morir.

Qué es ser un cristiano

Ser cristiano es tener orgullo.
Ser cristiano es con fe perseverar,
no ser propenso al odio y sí al amar
tanto al extraño como a los suyos.
Decir ser cristiano no es solo un murmullo,
es un grito de entera libertad
donde se reconoce toda la verdad
de la cual no se puede prescindir,
pues debemos ser conscientes que al morir
Cristo cuenta de nuestra vida pedirá.

Ser cristiano no es un epíteto,
ser cristiano es saber la tentación vencer.
Adorar a Dios, con todo nuestro ser,
el que dio a su Hijo en sacrificio completo.
No fue un simple acto o un embeleco,
eso conllevó dolor, clavos, madero y espinas;
lo hizo por ese amor que no declina
porque fue una gran y total entrega.
Su misericordia cada día más nos agrega
porque es infinita, porque nunca termina.

Ser cristiano no es una profesión.
Ser cristiano es una pasión verdadera
llena de gran sentimiento y fe verdadera,
dejando de lado al mundo entregando el corazón.
Sentir esa única y especial emoción
de ver la vida llena de mucha esperanza,
de que tenemos en Jesús la confianza
de sus magnos planes para con todos,

que desarrollará y efectuará de todos modos,
porque nuestra salvación está en su balanza.

Ser cristiano no es solo un título,
ser cristiano es una gran responsabilidad.
Ser cristiano es vivir siempre en la verdad.
La vida pasada es un cerrado capítulo.
Apocalipsis 21 dice en su quinto versículo:
«He aquí, yo hago nueva todas las cosas».
Palabras de una promesa muy hermosa.
Ser cristiano es tener de Cristo discipulado
y sentirnos siempre que está a nuestro lado.
Ser cristiano es del mundo la más grande cosa.

No importa lo que piensen de nuestra decisión,
lo que importa es lo que Cristo está haciendo.
Vidas truncas con amor y fe corrigiendo,
sacando amarguras de cada abatido corazón.
Llenando con su paz y sacando toda emoción
que nos pueda engañosamente perturbar
con la verdadera manera de a Dios adorar,
buscando sin reparos nuestra bendición
y en el amor de Cristo tomar la decisión
de ser un cristiano para a Dios honrar.

No es fácil

Es fácil decir, yo amo a Cristo
cuando el vallado está al derredor,
cuando de rodillas estamos sumergidos en clamor,
cuando en nuestro caminar todo está descrito.

Es fácil el caminar por senderos alfombrados
sin obstáculos que nuestro andar detenga.
Rodeados siempre de alguien que nos comprenda,
gente que lleva un vasto trecho ganado.

Pero el verdadero cristiano sabe de la realidad,
que el camino del Señor es angosto.
Que es elevado y muy oneroso el costo
para llegar a conocer la real verdad.

Linda verdad que es Jesucristo,
quien padeció por ti y por mí.
Qué deleite de mi vida es desde que le conocí
y que a su llamado de amor nunca resisto.

El camino se hace pedregoso y fuerte,
y aun la vida se ve rodeada de sombras.
Pero se disipa toda tiniebla si nombras
el nombre de Jesús, aunque sean de muerte.

Quiero caminar contigo y que mi ego quede destrozado
por la vía dolorosa que pueda tener mi destino.
Tú recorriste por mi rumbo a la cruz el camino
y en tu sacrificio nuestro pecado fue perdonado.

No es fácil la ruta, mi Señor,

no es fácil en tu andar emularte,
no es fácil ganar tu estandarte,
pero puestos los ojos en ti habrá valor.

Podrá el hombre llegar a ser reconocido,
como hizo Dios con el varón Job,
que todo lo tenía, pero todo lo perdió,
mas aun Jehová dentro de su dolor le bendijo.

Por eso si el camino nos resulta cómodo
y todo nos llena y todo nos satisface,
modifiquemos nuestro andar y al ver que se hace
verifiquemos si estuvimos viviendo de otro modo.

Qué difícil nos resulta a veces este caminar
cuando el desaliento comienza a crecer,
es el justo momento de comenzar a correr
en pos del Maestro, el único que nos puede apoyar.

Mientras reconozcamos nuestros errores
y tengamos siempre presente enmendar nuestra vida,
dejaremos atrás toda frustración y toda herida,
reconociendo la intervención del Varón de dolores.

Dios escucha, Dios comprende y nos vigila
en todo paso que damos aun intermitente.
Caminemos por la Senda Antigua, obedientes,
que al final de la meta está la eterna vida.

Sé que no es fácil, pero mi Señor, podremos contigo.
Sé que no es fácil, pero tú nos darás las fuerzas.
Sé que no es fácil, pero habrá enterezas.
Gracias Señor por todo lo hecho conmigo.

Un consejo

Deja que la dulce nota del amor te encamine,
no mires hacia atrás, sigue sin vacilaciones.
No llenes tu pensamiento de vanas ilusiones
ni dejes que el sentir de la pasión te domine.

Rasga el velo de toda duda que te oprime,
saca de ti todo odio y ama, pero como es debido.
Amar, con toda la razón, sin nubes de olvido,
porque si ser amado es bello, amar es más sublime.

Cuando estés flotando en ese éxtasis de amor,
cierra los ojos, deja escapar todo lo que sea doloroso;
continúa ese viaje ligero, por nada seas impulsivo,
y llena tus ansias del rico sabor del amor.
Alguien desea que le escuches y sigas con gran fervor,
te aconsejo que preguntes por la senda del Dios vivo.

No dejes que el sentimiento de la pasión te domine,
te aconsejo que preguntes por la senda del Dios vivo.
Aúna tus fuerzas y pon al cielo por testigo,
porque si ser amado es bello, amar es más sublime.

Vorágine

Hoy he visto gemir al mundo,
llevar torrentes de lágrimas conformando ríos.
Voces hirientes hacen el panorama más sombrío,
voces que escuchamos por doquier cada segundo.

He sentido la tierra dar gritos, sufre.
Gritos peores que el de una mujer al alumbrar.
Es que la tierra sobrecogida está a punto de explotar
porque dentro, muy dentro, el pecado ruge.

He notado el firmamento languidecer,
y en la lluvia que cae es llanto que brota,
y en los nubarrones negros se denota
su manera de que se denote su padecer.

El viento con fuerzas todo lo arrastra,
va barriendo quimeras y borrando huellas.
Y ahogadas en el polvo, la luz de las estrellas.
¿Qué males trae? Su soplo nada contrasta.

El mundo está dolido

He sentido gemir al mundo.
Lo he visto abrirse en grandes surcos
y brotar de su interior lo absurdo
con olor de pecado fétido y nauseabundo.

He sentido a la tierra gritar de angustia
cuando sobre ella caen los despojos,
y la sangre de inocentes le tiñen de rojo.
La sabana antes alegre y ahora es mustia.

He notado el firmamento al oscurecer
tornarse sin brillo, al igual los luceros.
Cuando se torna mentiroso lo sincero,
cuando raya en lo imposible un nuevo amanecer.

He sentido al mundo ya no gemir ni de la tierra su clamor.
Pero ha llegado el momento de la calma,
donde se renace y hay paz en el alma
porque Dios ha tomado de la vida el control.

Una voz en la oscuridad

Pasando Jesús por Jericó
una gran multitud le arropaba,
un pobre hombre a la orilla clamaba
y en su impaciente clamor se desesperó.
Ese hombre, Bartimeo así se llamó,
y a Jesús gritaba muy desesperado,
y aun más cuando sintió que a su lado
el Maestro con sus discípulos pasó.

¡Calla! Le reprendía la gente fuera de sí,
pero él, aun más alto por ser notado gritaba.
Era que la atención de Jesús reclamaba
voceando: «Jesús, hijo de David.
Ten Señor misericordia de mí».
Jesús entonces ese clamor escuchó.
Se detuvo, le mandó a llamar y le preguntó:
«¿Qué quieres que yo haga por ti?»

«Que me devuelvas la visión
es lo único que ahora yo anhelo,
pues con esta oscuridad más no puedo».
Y Jesús vio la gran fe que habitaba en su corazón.
Se ganó ese día la vista y también su salvación,
pues Jesús le dijo: «Tu fe te ha salvado».
Entonces Bartimeo se quedó a su lado
y por gran trecho le siguió con devoción.

Toma tu lecho y anda

En Juan capítulo cinco,
así cuenta el evangelio
de un caso muy serio
de un paralítico trinco.
Que no podía dar el brinco
al estanque de Bethesda.
Pero un día llegó a esta,
Jesús de Nazaret,
el que dijo ven y ve
que yo tengo la respuesta.

En una pasada predicación
se comentó sobre aquel suceso,
que Jesús vino expreso
a traer al mundo sanación.
Del cuerpo y del corazón
y nuestro amor Él agranda.
También Él pone baranda
a nuestra escalera de la fe.
Tu dificultad no la sé,
pero toma tu lecho y anda.

Me gozo tremendamente
cuando aquí se predica
el tipo de mensaje que nos indica
someternos a Él enteramente.
Y de manera muy consiente
a lo que Dios nos demanda,
que como a Jabes, Él agranda
un territorio sin problemas.
Se acabó todo el dilema,
toma tu lecho y anda.

Un deseo

Cuando Dios al mundo a Cristo envió,
fue el mejor de todos sus regalos.
Vino a erradicar todo el pecado
que Satanás en el hombre sembró.
Pero como el libre albedrío le brindó,
estaba en el hombre aceptarlo,
si lo recibía o tendía a rechazarlo.
La mayoría no hizo caso de su expiación,
le volvió la espalda y no aceptó la invitación,
y un sacrificio tan grande optaron ignorarlo.

Escuché a alguien cantar
y su canto era de gran unción,
para mí fue como una provocación
para que pudiera su canto retar.
Sería un inmenso placer con el trovar,
pero en esa trova darle a Dios honor
y hacerlo con mucho y desprendido amor
para que el mensaje pudiese llegar.
Por eso a ese alguien quisiera invitar
para trovarle con mucho gozo al Señor.

Quisiera esa experiencia poder vivir
si algún día le encuentro en mi camino,
convidarle y hacerle mi amigo
y así entre ambos dejar relucir
el sentimiento profundo de poder a Dios servir.
Siempre haciendo su divina voluntad
y con toda la gran integridad
que se ha de convertir en devoción,
daremos a Él nuestro canto que salga del corazón
para sumergirnos profundamente en su verdad.

Jesús lo hizo tan solo por ti

Porque al verte llorar toda alma sufre
y al ella sufrir muy fuerte es toda pena,
convirtiendo una tristeza en una cadena
de feas cosas que a más de un corazón cubre.
Pero al verte reír todo se ilumina
y en esa iluminación muy grande es el gozo,
porque se muestra el lado más hermoso
de ese ser que con su calor mucho domina.

Porque al mirar esa gracia que te invade,
todo ser por ti sueña y palpita,
y a anchas voces sin ambages grita
que la dulzura de tu faz, es la clave.
Porque al imaginar tu rostro que es un sueño,
todo ser por ti llega a la ínfima santa locura,
y como creyente esa pasión ardiente procura
querer vivirla porque no eres ilusión ni sueño.

Tus pupilas fueron de ardientes miradas,
las mejores mensajeras de todos tus empeños.
Por eso más de uno contigo ha tenido un sueño
y muchas veces su fe ha sido probada.
Porque al verte en el Gólgota toda alma sufre,
pero al saberte resucitado todo se ilumina.

Y Él lo aceptó

Un compromiso es una seria y efusiva acción
provocada por el impulso de nuestro sentimiento,
compromiso que a veces surge por grandes momentos,
muchos de ellos de sed por sentir una emoción.
Se comprometen los novios en vivir su amor con pasión,
consumirse por entero, lanzarse al ruedo sin discernimiento.

Jesús en su encomienda que le fue marcadamente asignada,
aceptó el encargo de mediar en la tierra y arrancar eternamente
la actitud y acción equivoca hacia Dios del hombre inconsciente.
Dejarle sentir que él actuaba en forma contraria a la realidad
y a la intención de comprender los sentimientos y a la veracidad.
Que debía intentar ver de forma objetiva, racional y profusamente.
Que Él vino a entregar su vida por el hombre voluntariamente
para que reconocieses que Él era el camino, la vida y la verdad.

Sabía cuál sería su final y lo que le deparaba el destino.
No le importó el camino escabroso que tuviese que recorrer
porque el cumplimento de la profecía dada era su deber.
Así que debía de continuar y terminal vencedor su camino
que su compromiso le trazó, pero al final su sangre sería el vino.
El vino de liberación, el vino de que al mundo consagraría
y ya jamás las tinieblas al pecador arrepentido envolverían,
escudo al mal, hidalgo de nuestras luchas nunca se contravino.

Pensemos y adoremos siempre a ese templario de la cruz.
Tengamos siempre en cuenta cuál fue su gran y divina comisión,
cuando en su gran y total sacrificio hizo del pecado remisión
para que todo pecador arrepentido saliese de las tinieblas a la luz.
Gracias te damos hoy, siempre nuestro amado Jesús.
Gracias por habernos salvado y por brindarnos tu perdón.

Por eso... dejémosle actuar

Hay momentos donde uno se siente solo
y se nos nubla la razón y la existencia,
dejando que nos arrastren sin conciencia
las penas y mentiras creadas por el mundo.
Dejamos que nos azote el dolor profundo
llamando cierto a lo que no es verdad,
y echamos hacia un lado nuestra dignidad.
Todo se desconcierta y perdemos el rumbo.

Se comienza a sentir una espantosa soledad,
y hacemos recuento de lo que la vida nos ha quitado,
sintiendo dudas de lo que hemos vivido y creado
y un profundo deseo de alejarnos de la realidad.
Quizás estamos en una fase de vida sin calidad,
sin darnos cuenta de nuestro real estado.
Llevando en arrastre un corazón destrozado
y nada ni nadie nos da plena tranquilidad.

Solo hay uno que nos saca de ese estancamiento
y nos muestra que hay amaneceres muy hermosos,
que, aunque fuimos en un tiempo unos menesterosos,
tenemos derecho a verdadera paz en todo tiempo.
Entonces oiremos diferente el silbido del viento,
asedado, sin muestras de ningún mal precedente,
desistiendo de nadar en contra de buenas corrientes,
dejando a Cristo ser nuestro mentor en todo momento.

Dilema

Por qué tendrá que ser
siempre así...
vivir por vivir
en un eterno desafío.

Por qué tendrá que ser
siempre así...
cerrar los ojos,
pensar en ti
y decir siempre
después de cada tormento,
lo siento, mi Señor,
en verdad lo siento.

Tenemos la llave

Tiempos malos son estos, hermano,
tiempos malos y desastrosos,
tiempos malos y vergonzosos,
tiempos malos, nada hay sano.

Tiempos de maldad y malicia,
nada de respeto, nada de amor,
tiempos malos, trata de triunfar el dolor,
tiempos malos y llenos de inmundicia.

Tiempos de una sola oportunidad
y esa oportunidad es Cristo,
que por fe le amo, aunque no le he visto,
pero es el único que en este tiempo da seguridad.

Tiempos malos, desastrosos,
vivir por vivir es la nota,
lástima que esa lágrima que brota
no es de júbilo, nada de gozo.

Tiempos malos, pero que nada nos calle.
Tiempos malos, pero caminemos hacia la historia,
ahí está el candado, pero nuestra la victoria,
recordemos siempre que Cristo es la llave.

Una noche comprendí

Una noche igual a esta
a la iglesia ASSAEL me acerqué
y enseguida yo noté
que mi vida estaba incorrecta.
Que el pecado Dios detesta
pero que ama al pecador,
que es abrigo su amor
y nos conduce a la brecha
de una relación estrecha
con el Sumo Creador.

Esa noche no di el paso
que da todo valiente,
pero óiganme mi gente
lo que pasó en este caso.
En visiones vi el rechazo
de Dios al desobediente,
un destino muy doliente
por estarlo ignorando
y no andar buscando
en verdad al Dios viviente.

Esa noche me mostraba
las consecuencias del pecado,
que siempre me había amado
pero su paciencia se agotaba.
¿Y ahora qué más faltaba?,
me llegué a preguntar.
Corriendo llegué al altar
y ante mi Dios me postré.

Cuando esa noche lo acepté
mi vida comenzó a cambiar.
Hace ya bastantes años
que mi vida redimí,
cuando de verdad conocí
al pastor del rebaño.
No se puede vivir en engaño
y en esto sí que insisto,
solo una verdad he visto,
amante de pecadores,
sanador de mil dolores,
y esa verdad es mi Cristo.

Cómo no le he de alabar
si tanto me ha guardado
y me ha hecho un soldado
para su batalla final.
Espero su regreso triunfal
y en las nubes le encontremos
y todos con Él celebremos
lo que tanto profetizaban,
porque todos esperaban
las bodas del Cordero.

Y ahora para terminar
quiero que se tenga presente
si se necesita paz urgente,
la solución, correr al altar.
Jesús, el único que la puede dar
sin hacer ningún reproche,
no demos nuestra vida al derroche,
¡renovémosla!, en eso yo insisto,

pues aprovechemos que Cristo
hace de su misericordia, un derroche.

Los cuatro lados de la cruz

Sobre el tope de la cruz la Trinidad,
a su derecha estaba la redención,
a su izquierda la duda en manifestación
y bajo de ella se ostentaba el pecado.

Sobre esa cruz Padre, Hijo y Espíritu Santo;
y en su centro estaba manifestada la gloria
que arropó a todo aquel que clamó victoria,
y por su obra a todos nos cubrió su misericordia.

En el centro se encontraba la gloria
que emanaba del crucificado,
el que fue como un cordero inmolado
por nuestra conducta pecaminosa notoria.

A la izquierda la palabra sanadora, perdón.
Que conlleva toda la potencia de la gracia,
que se convierte en genuina al recordar sin dolor,
dejando que fluya y sane por completo todo corazón.

Continuamos con la derecha que esta la redención,
motivo principal de la atroz muerte en el Calvario.
Redimió nuestros pecados dejándolos todos en el sudario,
llevando cautiva para siempre toda la perdición.

Todo fue borrado

Recordar por siempre, momentos preciosos
dejando vagar el pensamiento sin restricción,
abriendo las gavetas selladas del corazón.
¡Cuántas cosas guardadas!, instantes hermosos,
momentos bellos e instantes contenciosos.
Se nubla la mente cuando corre el tiempo
por lo que pudo ser y no fue concebido,
por lo que se fue en alas del olvido,
por lo que ahora se encuentra en el silencio.
Llevado de la mano, conducido sin protesta
el pasado es llevado a su destierro
donde en ocasiones se pone fiero
pero ya de nada le vale, está en el olvido.

Qué bueno que todo lo que nos desviaba
ha quedado en el eterno cementerio del pasado,
y el corazón oculto que ya se había olvidado
de la acción del amor y la ternura, ahora resucitaba;
y de todo mal que un día sin piedad lo socavaba
emergió victorioso en ese choque especial con Cristo.
Al que ojo humano en este tiempo no le ha visto,
pero su venida en gloria ya está súper anunciada.

Consejo a mis hijos

Cuando la madurez de la vida
os alcance a cada uno en sus existencias,
y pregunten el porqué de aquellas desavenencias
que en sus juveniles años fueron percibidas;
no tomen a la ligera seguras explicaciones,
solo analicen y hagan de atrás un recuento
de muchas cosas que tuvieron sus momentos
y dejaron huellas en sus corazones.

A ninguna de las partes osen recriminar,
solo piensen que ya pasaron esa situación,
pónganles a sus vidas toda la emoción,
y al reto del destino de pie atrevan aceptar.
Que toda experiencia sea como un consejo
y cada tropiezo una advertencia.
Siempre mantengan su actitud positiva y recia.

Lo mejor que Dios les ha dado, su mente,
para que aprendan a discernir con mucha mesura,
porque muchas veces la vida apura,
pero para todo hay tiempo suficiente.
Cuando vean a su madre ya madura,
piensen en todo lo que pasó por ustedes,
siempre será la persona que más los quiere
por ser su amor el que más perdura.

El reto

Escuché a una persona improvisar,
y era su canto de gran visión.
Para mí fue como una provocación
para que pudiera su trova retar.
Inmenso placer para mí eso intentar,
pero que esa trova a Dios le da honor
y hacerlo con un inmenso amor.
Para que el mensaje pueda llegar,
sin preámbulos quisiera ese alguien invitar
para trovar con gran gozo al Señor.

Quisiera esa experiencia vivir
si algún día se cruza en mi camino.
Convidarle y decirle, he mi amigo,
vamos entre ambos dejar sentir
la pasión profunda de a Dios servir.
El de hacer siempre su voluntad
y con toda gran sinceridad.
Que se ha de convertir en devoción
cantándole a Él con todo el corazón
para calar en la hondura de su verdad.

Petición al padre

Señor, Padre bueno y Santo,
gracias por cada día permitirnos
en tu templo en comunión reunirnos.
Sentir que nos cubres con tu manto
y con humildad sumisa, por tanto,
pedirte que nuestros corazones
latan fuertes con los ardores
de estar a tu llamado prestos.
Que todos estemos dispuestos
y apartar de nosotros sinsabores.

Dios, bendice a mis hermanos
y a los que buscan tu camino,
sean de tu Palabra investidos,
que tu poder sea al presente derramado.
Toma cada corazón quebrantado
y llénalos con tus motivaciones,
las alabanzas broten en proporciones
porque alabarte es nuestro pacto.
Cambia lo improbable en el acto,
reviste de tu amor nuestros corazones.

Ten siempre buena provisión
para los que acepten el reto
de llevar el mensaje correcto
aplicando la Palabra con precisión.
Embarga sus vidas con la intención
de llevar tu evangelio sin emociones.
Rescátalos de impropias situaciones
y que te den la gloria a ti, por supuesto.

Que su actitud sea de estar dispuestos
a no rendirse, ser real y alejar las emociones.

Ser cristiano no es camino de rosas,
habrá muchas espinas escondidas
tratando de afectar nuestras vidas.
Por eso pedimos desear más tus cosas,
para evitar una vida espiritual ociosa.
Que tengamos grandes motivaciones,
que no importan las tribulaciones
porque tú haces nuestra vida gozosa.
Por eso no deseamos en ella otra cosa
que corazones dispuestos para las misiones.

Señor, boca arriba está nuestra copa
esperando con tu Palabra llenarla;
hacerla nuestra, retenerla y usarla
en el momento que a cada cual nos toca.
Pasa carbón encendido por la boca
de tus hijos, pon palabras de convicción
para usarlas con poder y precisión.
Saca fuera de nosotros todo quebranto,
cobíjanos en esta hora con tu manto,
que cada reunión te sea agradable.

Y todo te lo pedimos en el nombre del Padre,
del Hijo y del Espíritu Santo. Amén.

Nuestro compromiso

En el amor a Dios y en su fortaleza
caminamos llevando en cada página mensajes de esperanzas.
Ondeando la bandera del amor al prójimo,
sosteniendo la verdad en las manos, su Palabra.

Dios es nuestro consejero y guía,
el analista de nuestra vida por excelencia.

Ante todo,
somos cristianos, servidores de nuestro pueblo,
embajadores de Cristo, sus profetas
y ante ese pueblo,
ejemplo de sus enseñanzas de amor y perdón,
llevando amor, fe y humildad.

En este caso qué Cristo haría

Estos tiempos, señores,
son una gran realidad,
se multiplicó la maldad,
es un mundo de terrores.
Dondequiera hay temores,
esto antes no acaecía,
se cumplen las profecías
que la Palabra hace evocación
de una gran confusión.
En este caso qué Cristo haría.

Hay iglesias enseñando
que Cristo no viene, llegó
y entonces pregunto yo
a quién están esperando.
Cantantes cada día atestando
cuentas que antes no tenían,
cristianos que ya no concebían
de Jesús su gran bendición
se fueron a la perdición.
De este caso que Cristo pensaría.

Alerta que el diablo vino a falsear
la fe de los escogidos,
muchos cristianos han caído
en las estafas del mal.
Otros han querido plagiar
milagros que Cristo hacía,
agua en vino, uno pretendía
cambiarla con su propio poder,

hasta oro también decía aparecer.
Sobre esto que Cristo pensaría.

Para poder con unción llevar
un mensaje de formación,
hay que tener la precaución
a nadie su sentir poder alterar.
Es que no se quieren doblegar
ante la voz de Dios que los reprendía,
son esos que agradan oír profecías,
que se acomodan a su falsa realidad
descartando toda verdad.
En este caso qué Cristo pensaría.

Ya quiero que esto podamos analizar,
diciéndoles de todo corazón
que amen a Dios con pasión
porque este es el tiempo final.
Tiempo para más y más reforzar
nuestra fe con seriedad y valentía,
buscar de Cristo más cada día.
Que Él no es cuento, Él es real,
por eso vamos de corazón a perseverar
y cuidarnos de estos deslices de hipocresía.

Siempre habrá una esperanza

Aunque las fuerzas se agoten
y la mirada está perdida
por situaciones de la vida,
de esas que del mundo broten.
Dios arreglará ese desorden,
y pondrá siempre ordenanza.
El enemigo su aguijón nos lanza,
y nos tienta sin piedad,
pero hay una gran verdad,
en Cristo siempre habrá una esperanza.

Cuando no se pueda avanzar
por las dificultades habidas,
cuando se abran heridas
que no quisieran sanar.
Con fuerzas hay que clamar,
y en Dios poner toda confianza,
y si el dolor nos alcanza
busquemos solución a esa agonía,
clamemos entonces ¡alma mía!
en Cristo siempre tendré mi esperanza.

Si mis dedos se niegan bordear
el tallo de una fragante rosa bella,
que con sus pétalos su hermosura sella,
entonces tengo que con fe clamar
y ansioso pedir la ayuda celestial
sobre los retos que la vida nos lanza.
Nuestro espíritu dice avanza, avanza,
que Dios te llenará de su unción

y restablecerá en tu corazón,
que en Cristo siempre habrá una esperanza.

Si alguna duda he tenido,
me ha persuadido la realidad,
que Cristo es la oportunidad
que Dios brinda a mi camino.
Endereza los agravios del destino,
con eso no hay semejanza,
con nuestra vida siempre tranza
y llega con exacta prontitud.
La vida nos enseña la virtud,
que Cristo siempre será nuestra esperanza.

Esperanza

El tiempo pasa...
y aquí en mi pecho un corazón
que estaba muriendo, a latir comenzó.

El tiempo pasa...
un suspiro en melancolía se apaga,
una ilusión, un bello sueño germina.

El tiempo pasa...
todo transcurría en triste caravana
de bellos recuerdos que nunca olvidaré.

El tiempo pasa...
pero continúa el amor, porque es sufrido,
benigno, sin envidia, sin jactancia;
sin envanecerse, sin hacer nada indebido,
sin buscar lo suyo, sin ser injusto,
gozando de la verdad.

El tiempo pasa....
pero continúa el amor, que todo lo sufre,
todo lo cree, esperando y soportando,
pero nunca dejando de ser el amor.

Una esperanza

Si nuestros brazos se contuvieran de abrazar
y nuestros ojos de admirar las cosas bellas,
si el deseo carnal quizás nos atropella,
percibamos que la unidad del Espíritu hay que buscar.
Mirar a los cielos y por su pronta ayuda clamar,
sentir la misericordia de Dios que nos alcanza
y su voz muy adentro que nos dice avanza, avanza,
no desistas que te llenaré de mi plena unción,
restableceré tu vida y sanaré tu corazón
porque siempre habrá de mi parte una esperanza.

La unidad del Espíritu se sobrentiende
cuando se entrelazan pensamientos y realidades
de nuestro sentir como cristianos y sus verdades,
y esto solo en el plano espiritual se comprende.
Esto no es teología radical, esto es simplemente
la unidad del Espíritu que todos hemos logrado
cuando en un solo sentir el Padre es convocado.
Siempre unidos y sumidos en un solo pensamiento,
loar nuestro prójimo y amar a Cristo en todo momento,
celebrando la igualdad y la unión entre los hermanos.

Debemos estar más que convencidos
que Cristo es nuestra exclusiva realidad,
recordar que en el Espíritu hay unidad,
que Dios es quien controla nuestro destino,
Él endereza lo torcido de nuestro camino
porque Él es nuestro norte y gran confianza,
paz en la tormenta, y también nuestra bonanza
que contesta a su tiempo todo ruego y oración.
No fue la casualidad, Él nos trajo la bendición
de ser renovados, tener casta de amor y de esperanza.

No hay lógica

En estos días, mi Señor,
muchos corazones están muy afligidos,
rostros que se muestran muy compungidos
recordando tu muerte con gran dolor.

En cambio, debemos recordar tu sacrificio con amor.
Y en eso se basa mi pregunta,
¿por qué buscarte entre los muertos?
Si a nosotros en tu gran resurrección has vuelto
y estás ahí, escuchando siempre nuestro clamor.

Entonces porque llorarlo si Él vive, ¡adóralo!
Porque en todo corazón que le ama Él mora,
porque está contigo en todo lugar y a toda hora
y acampa en tu corazón si le sigues.
¡Ámalo!

Por qué pasear un madero triste, ¡olvídalo!
Para recordar lo mucho que sus manos sufrieron,
por aquellos clavos que en ellos grietas abrieron
y por la lanza que abrió su costado,
¡alábalo!

Debemos recordar su sacrificio con amor.
Él acampa en tu corazón, así que ¡ámalo!
Por qué pasearle en un madero triste.
¡Olvídalo!

Entonces por qué llorarlo si Él vive, ¡adóralo!
Y por todos los dolores que pasó por ti y por mí,
¡alábalo!

Carta al Señor

Déjame escribirte porque tanto te he hablado,
que así, escrito, no me olvidaré jamás.
Que es tanto lo que sufro, que es tanto lo que amo,
que entre ambas cosas no sé cuál puede más.

Pero el propósito de esta carta a ti Señor,
es sobre la promesa que de corazón he hecho.
Promesa que las fuerzas que tú me dieras
olvidaré tristezas, porque quitaré las piedras
y de alguna manera ganaré a lo que tengo derecho.

Primero, empezar a vivir una vida nueva
por la cual nadie me reproche nada
o tenga quejas de ella por inútil o por vana,
que ante tus ojos me conformo sea buena.

Segundo, quiero que seas tú mi inspiración
porque necesito de esa paz y reposo,
porque quiero encontrar en ti ese gran gozo.
Eso te lo pido con todo el corazón.

Porque si tuve momentos felices alguna vez,
veo que fueron tan solo pura fantasía,
si alguien dijo, «te quiero», no sé si fue hipocresía,
lástima de vida que he llevado, ha sido todo un revés.

Cuando creía estar muy bien y confiaba,
o me hacían equivocar o estaba equivocado.
Es por esto Señor que esta decisión he tomado,

al creer que bien ante ti y otros, antes estaba.
Quiero cumplir esto solo, sin apoyo para comenzar,
solo el tuyo y eso sabes con gran amor espero.
Que con mi frente en alto me gane lo que quiero,
y si ello es tu bendición, jamás la dejaré escapar.

Tan solo unas palabras

Te prometí que no volvería a escribirte
no importara cual fuese la situación,
pero lo ignoraré por esta ocasión
porque esto es lo que quiero decirte.

Persona adulta y cristiana, creo yo
que es mi imagen y que así me considero,
íntegra mi condición no de cristiano somero
porque consta que en mi corazón está Dios.

Estas cortas letras son para decirte
que muy en los adentros del alma mía
ruge un volcán de desilusiones día a día
que sobrellevaré, porque mi alma resiste.

Gozo de la vida y la vivo para ti.
Me haces olvidar rencores, mitiga mi llanto.
Para los efectos, yo no esfuerzo tanto,
porque no he cumplido en total lo que prometí.

Por mi parte yo continuaré internado
en mis pensamientos para fraguar
planes futuros y el sendero a tomar
pidiendo a Dios no estar equivocado.

Confesiones

Dios...
Sé que tú eres mi entera fortaleza,
que eres toda mi inspiración y mi guía,
que eres eterna esperanza mía.
El todo, eso mi boca confiesa.
Dame Señor la fuerza y la entereza
para continuar la lucha en este camino,
no me dejes solo echado a mi destino,
dale hoy mi Señor a esta fe más firmeza.

Dios...
Sé que este camino no es de puras rosas,
que aun siendo bellas también tienen espinas.
Permite Señor que cada segundo de mi vida
ardan en mí tus cosas únicas y hermosas,
la de alabarte y manifestar de forma ansiosa
que solo hay paz y gozo en tu presencia,
deseo tener el reflejo de un niño, su inocencia,
esa que necesita este mundo de vida pecaminosa.

Dios...
Contemplo tu hermosura cada momento de mi vida,
en un anciano con voz tenue al hablarme te revelas.
Contemplo tu amor al ver cómo a los tuyos celas,
en la manera que los proteges y sanas sus heridas.
Contemplo tu gloria, en toda malicia vencida
que nos acechaba, pero de ella nos has librado,
sabor de paz en nuestras almas has dejado
y nuestra fe en ti se torna más comedida.

Dentro de rebeliones

Muy dentro de mí, mil rebeliones existían,
la sombra de mí la perdición poco a poco me cercaba,
y enclavado el desorden en mi alma estaba
y el pecado en ella hacía y deshacía.

La noche me daba igual que si fuera día
pues en mi espantosa desorientación eso no importaba,
mi vida en ese mar de pecado era zarandeada,
despojada de toda moral, inerte, completamente vacía.

Solución a mi estado, miento si digo que buscaba,
y al placer efímero buscaba como supuesta salida.
Pero estaba tan atado a esa situación tan distraída
que hacia un abismo sin darme cuenta me arrastraba.

Así buscando paz y sanación a mis heridas
dentro de ese mundo que jamás nada bueno me dio,
encontré al Caballero de la cruz y algo en mí cambió.
Sentí cómo se transformó en un instante mi vida.

Hacia Él extendí mis manos, y así extendidas
le presenté mi alma en ruinas, le expuse mi condición.
Él tomó en sus manos mi abatido y cansado corazón
y al instante sentí cómo cerraban una a una mis heridas.

Era una nueva oportunidad, un nuevo renacer en mí,
las malicias no hicieron cara y junto al pecado desaparecieron.
La sangre de Cristo me estaba lavando y así lo reconocieron,
cayeron las cadenas y ataduras del mundo y libre conviví.

Por eso a mi Cristo tengo cada día que alabar,
porque de todo mal y tentación me ha ido guardando,
y como mi alfarero mi vida continúa sin parar moldeando,
y como guerrero siempre listo el escudo para el pecado frenar.

Lo único que le pido, el privilegio de poder escuchar
su trompeta cuando se aproxime su grandiosa venida.
Que guarde mi ser, que guarde mi espiritual vida
para no equivocarme jamás y con Él poder moral.

Juan David Tolentino

Doy adoración a Cristo

Los años están pasando
y todo pierde su ajuste,
se forma un desbarajuste
en cada paso que voy dando.
La espalda se me está doblando
sin tener consideración,
también se me va la animación,
me he puesto feo y jorobado,
pero no importa mi estado
a Cristo le doy mi adoración.

La cruel edad me reclama,
ando con paso perezoso,
siento el cuerpo achacoso
y la rodilla se me inflama.
Mi cuerpo todo es una dolama
que no me quiere soltar.
Doy gritos al caminar
por la artritis en los huesos,
y aunque me duelan los sesos
a Cristo no dejaré de adorar.

Los años no consideran
y eso me pone a pensar,
aunque trate de disimular
de que mi vida está entera,
para aguantar las caderas
ya necesito este bastón,
pastillas para el corazón,
lentes para no dar tropiezo

y aunque tenga el cuello tieso,
a Cristo le doy mi adoración.

De la fuerza que me queda
uso bastante para orar,
pero algo tengo que guardar
para seguir en la carrera.
Y si esto se acelera
continuaré con emoción
poniendo todo el corazón
para la meta alcanzar,
porque yo quiero reverenciar
a Cristo dándole mi adoración.

Por la obra del tiempo

Bregar con el tiempo, eso intento,
porque ya los años van pasando
y es en los huesos donde más lo siento.
Todo mi cuerpo ya es un lamento,
ha comenzado ya la deformación.
Eso aumenta mi preocupación,
han comenzado los mil dolores,
pero no importa qué digan los doctores,
en Cristo me siento como un cañón.

Como antes, ya no estoy tan altivo,
porque ya la mente un poco me falla,
aun así, trato de dar siempre la batalla
para mantener mis reflejos activos.
Aunque me duelan hasta los suspiros
y sin remedio tenga alta la presión,
un poco delicado del corazón
y ya tenga que hablar pausado,
no importa mucho mi estado,
en Cristo estoy como un cañón.

Ya los años comienzan a caer
y la visión principia a desmejorarse,
y este cuerpo procura doblarse,
entiéndase que no hay nada qué temer.
Somos cristianos que debemos de entender
que eso es parte de nuestra vida,
no hay de otra, es nuestra única alternativa
tener que amar a Cristo con todo el corazón.
Y con una gran confianza siempre sostener
que a la madurez hay que saberla comprender,
y con orgullo decir, que en Cristo estoy como un cañón.

Cavilaciones

¿Cuál será el estado de un moribundo
cuando siente la aproximación de la muerte?
¿Se lamentará de su suerte?
¿O quizás sentirá un alivio por dejar ya este mundo?
Tal vez reviva a cada paso y en cada punto
con nostalgia el siempre eterno pasado
de aquellos momentos fugaces tronchados,
o de aquel que se lleva consigo.
Quizás un amor de hermano o de amigo,
y si el destino es cruel, se lleva el odio, desdichado.

Pero qué contrario a todo esto
cuando el ser humano se marcha con Cristo.
Se siente sereno, se siente presto y listo
para encontrarse con su Maestro.
Por eso siempre podrá ser nuestro
el sentimiento que no tiene el mundo,
porque, aunque estemos en lecho moribundo,
nada nos quitará el gozo, porque será aun más austero.

Doy adoración a Cristo II

Perdón por lo de este bastón,
es algo que les debe estar intrigando.
Rápido se los voy explicando
usando esta pequeña narración.

El nuevo año que ya ha comenzado
me dejó un poco fuera de ajuste,
mi cuerpo es todo un desbarajuste
en cada paso que voy dando.
La espalda, bendito esa se me está doblando
sin ningún recogimiento,
siento que me falla el conocimiento,
y todas las dolencias se me han amontonado,
pero no importa mi lastimero estado,
a Cristo en mi corazón lo siento.

El tiempo cuando pasa reclama
y nos deja andando con paso perezoso,
siento todo el cuerpo medio mohoso,
y esta bendita rodilla se me inflama.
Mi cuerpo todo es una dolama
que no me quiere soltar.
Doy gritos cuando me voy a parar
por la artritis en todos los huesos,
pero aunque tenga todo eso,
a Cristo no dejo de adorar.

La vida ya no es muy llevadera
y tengo que ser muy real,
que aunque trate de ocultar

que nada de eso me desespera,
ya para aguantar las caderas
necesito de mi amigo el bastón,
tomo pastillas para el corazón,
uso lentes para no dar tropiezo,
pero así tenga el cuello tieso,
a Cristo daré siempre adoración.

El pulso a veces se me acelera,
esa malicia me llega cuando voy a orar.
Pero eso ni me afecta, ni me va a quitar
de seguir en esta bendita carrera.
Y si aún toda esa calamidad persistiera,
continuaré adelante con más emoción
sirviendo a Cristo de todo corazón,
y con más fe seguir batallando,
y los miércoles seguir aprovechando
aquí en Casa de Bendición.

Ahora sí que me despido,
el pastor me está mirando.
Calma iglesia, voy acabando,
perdónenme lo extendido,
pero esto a Dios le pido,
y con todo el corazón
oremos con mucha pasión
para que esta misión prosiga,
y que Dios desde arriba
consagre a Casa de Bendición.

El recluso

Recordar por siempre momentos preciosos
y dejar vagar el pensamiento sin restricción.
Abrir las gavetas selladas del corazón.
¡Cuántas cosas guardadas! ¡Instantes hermosos!
Momentos bellos y momentos contenciosos.
Momentos de risas, momentos de dolor.

Se nubla la mente cuando corre el tiempo,
no por lo que pudo ser y no fue concebido,
por lo que se fue, en alas del olvido,
por lo que ahora se encuentra en el silencio.
Llevado de la mano, conducido bajo protesta,
el pasado es llevado a su destierro.

A veces en ocasiones se pone fiero
en clara resistencia y en gran determinación
de hacer frente a no hacerse borrar,
y querer para siempre perpetuar
la existencia de la gran tribulación.
Su juzgador será el tiempo y el castigo el olvido,
su pasaporte cancelado, no habrá visa
o habrá pase, se acabó, fin del tormento.

Nuestra manera de ser

En estos días somos testigos
cómo toda la naturaleza
le rinde con gran presteza
adoración al Dios vivo.
Todo esto va bien sostenido
a un sólido y abierto corazón
que se ha tornado muy decidido,
convertido en el mejor testigo
de la gran y bendita de Dios bendición.

Dios a Jesús le determinó
aun antes que naciera,
que por amor su vida diera
y por ese amor padeció.
Amor como ese jamás se conoció,
pues sabía del dolor que tenía que pasar.
Pero en su encomienda tenía que llevar
la prédica de unión entre los humanos,
que ante el Padre todos somos hermanos
y unidos tendríamos que caminar.

Pasar por grandes desalientos tendría,
cuando a su pueblo observaba
cómo de la verdad se alejaba,
del precepto de Dios cada día.
Y esto aún pasa hoy todavía.
Va el mundo en un vagar
y llorando sigue sin cesar
porque la verdad no ha conocido.
Anduviera como pájaro herido

si no deja en su corazón a Cristo entrar.

La existencia puede ser resurgente
con el amor de Dios en nuestra vida,
amor que sana nuestras heridas
y aclara toda duda en nuestra mente.
¡Cuán distinta sería la gente
con un buen modo de vivir!
Dejando de ideas erróneas concebir
y manteniendo muy en alto nuestra frente,
siendo para Cristo uno de sus valientes
y en su nombre correctamente persistir.

Estar preparados

Es triste y compungida la partida
y aun más si es de un ser que amamos.
Fortaleza en Dios y alivio en Él tengamos
para que muy pronto sane la herida.

Tengamos nuestra visión
hacia la parte que aún queda en el camino;
no confundamos ese resto con molinos
como hizo el Quijote cuando le faltó la razón.

Tengamos a Dios como divina inspiración
en todo movimiento que hagamos,
y veremos cómo así con su ayuda llegamos
a vencer todo mal pensamiento y oposición.

Nuestro pensamiento sea constructivo
y vivificante para los que aún queremos,
que su buen ejemplo siempre recordemos
a quien no está ya entre los vivos.

El cariño que en vida profesamos sea testigo
de que su recuerdo y su amor siempre estarán,
y tengamos presente que nuestra partida llegará,
y en cielo, Señor, nos reuniremos contigo.

Por eso batallemos hasta el final de nuestro tiempo
sin perder la fe, sin dejarnos por el mundo atraer.
Como cristianos sabemos lo que debemos de hacer,
no puede nuestra fe fallar por el desconocimiento.

No son los muertos los que reposan en calma,
porque en paz descansan en la tumba fría.
Muertos son los que teniendo aún alma
no aceptan a Cristo todavía.

El pacto con Abraham

Hemos muy bien estudiado
lo que es vasallo y vasallaje,
y en ese mismo aprendizaje
los pactos hemos considerado.
En base a ellos, Dios ha ministrado
con Adán, Noé, Abraham, Moisés y Cristo.
Sus pactos de gracia fueron provistos,
menos el de Adán, que por obras fue su trato.
Dios cumple consigo mismo su pacto
y el hombre da testimonio de lo previsto.

Definamos qué es un pacto primero.
Es un trato entre Dios y el hombre.
Con alguien que enaltezca su nombre,
que en fe y en obediencia sea sincero.
Alguien que se dé a su Dios por entero
y sea un propulsor de su mensaje.
Los pactos eran tratados de vasallaje
que contenían primero benevolencia,
segundo, lealtad y tercero consecuencias.
Y así se constituía todo su andamiaje.

Después que el diluvio pasó,
la maldad volvió a descontrolarse,
entonces Dios comenzó a inquietarse
y la torre de Babel les derrumbó.
Aconteció que al hombre dispersó
y su lengua le fue confundida.
La raza en naciones fue dividida
y esparcida sobre la faz de la tierra,

para que el hombre jamás volviera
a intentar otra cosa más atrevida.

Dios escoge una familia y su destino,
y con ella estrecharía su simiente.
Israel fue la nación recipiente
de donde saldría su linaje divino.
Pacto de gracia con Abraham convino
para que ejecutase sus intenciones,
de separar su simiente de las naciones
porque de su corazón esta nace,
y de Abraham por su fe, Él le hace
padre de multitudes sin limitaciones.

El pacto con Abraham comenzaría
como dice Génesis 12 del 1 al 3.
«Deja todo y ve a la tierra que te mostraré»,
haría con él cosas grandes y le bendeciría.
Su nombre con los tiempos crecería
porque de él haría una gran nación,
honrada con una sagrada misión,
que por ella fuesen benditas todas las naciones,
y el nombre de Jehová en todos los rincones
sería propagado con desvelo y con dirección.

El cumplimiento inicial del pacto, Isaac sería
el medio para levantar el pueblo de Israel,
y sería bendito todo aquel
que a ese pueblo en estima tendría.
Y también al que le rechazare maldeciría,
porque de Cristo, Abraham es la simiente,
y como está escrito claramente:

Si alguno está en Él, simiente es de Abraham,
y como secuela de esto ellos recibirán
las concesiones del pacto plenamente.

Así fue Israel separado sin trabas,
y el estrechamiento del linaje de la simiente
llegaría en su precisa corriente
hasta que la simiente prometida llegara.
La intención de este proceso que se alcanzará,
lo que de Dios fue su propósito siempre,
bendecir a su pueblo, a su gente,
y en la naturaleza soberana de su pacto
separó las simientes en un solo acto,
y plantó enemistad entre la de la mujer y la serpiente.

Cuando Dios con Abraham hizo trato,
Él pasó solo entre los pedazos de animal,
y a través de este gesto Él quería confirmar
que solo a Él le fue muy grato.
Porque al concebir ese acto
consigo mismo su pacto cumplía,
y el hombre dar testimonio debía
de lo que Dios ha hecho por él.
Por eso al hombre le dio a entender
el compromiso que ese acto requería.

El padre de la fe, así se le ha de recordar,
pues en obediencia su hijo sacrificaría,
pero Dios por su acto de fe le ofrecería
en la historia del hombre un lugar.
Las doce tribus, simiente de Abraham, en total
fueron las que Moisés a su destino llevaría,

y en Josué estaba quien las introduciría,
porque Moisés no había de pisar
la tierra prometida que al final
Dios al pueblo escogido entregaría.

Y ya para llegar con Abraham a conclusión,
le creyó a Jehová y le fue contado por justicia.
Y Pablo nos deja con la gran noticia
que nuestra exclusiva salvación
no es por obras la condición,
sino ver con mucha sinceridad
que la fe es la única realidad,
y cuyo producto es la obediencia.
Para esto hay que hacer conciencia
y amar a Dios en espíritu y verdad.

Así la quiero ver

Paseando dos amigos un día
llevaban una profunda conversación,
cada cual daba su versión
y su tipo de madre exponía.

Dice uno al otro, con un poco de arrogancia,
pues quisiera que mi madre de alcurnia fuera
que grandes dotes de aristocracia tuviera
y fuera como las grandes damas de Francia.

Con una corte a sus pies llenándola de pleitesía,
un sinnúmero de siervos prestos para adularle,
y otros peleándose por agradarle
en los deseos más extravagantes, si es que tenía.

Que su boca tan solo abriese
para que al instante sean cumplidos sus deseos
y todas las exigencias que ella quisiese.

Porque ella se merece todo y todo sería,
mi madre es la reina, es la princesa
y el sostén de toda la vida mía.

¿Y tú conque modelo de madre sueñas?
Le preguntó al amigo, el que ante expuso
el tipo de madre que hubiese deseado con galantería.

Que buenos deseos, dijo su amigo,
que grandes cosas deseas para ella, admirable.
Tus gestos para tu reina son loables,

pero para la mía, no concuerdo contigo.

Pues pensándolo bien,
me cuadra la madre que tengo,
que, sin ínfulas de grandeza
me ha dado su corazón.

Que en toda su vida no ha habido nada estrecho
en que no ha escatimado y me ha llenado de sus besos,
y con sencillez me ha contado de sus embelesos,
de verme convertido en un hombre de buen corazón.

Ese es mi tipo de madre, la que tengo.
Sencilla, amorosa y a sus principios fiel,
no necesita ser dama de altos vuelos,
porque he visto que ser madre es su alto abolengo,
y amarme en esta vida es su más alto nivel.

Pero para bien contestar tu curiosidad
y no dejar en blanco tu cuestión,
he de profundizar en mi corazón
y hablarte con claridad.

Para mi madre lo que más desearía
en estos momentos, que me fuera eterna,
que siempre fuera esa mujercita dulce y tierna,
pero me conformo más con lo que Dios con ella haría.

Que la hiciera su sierva, a toda hora,
que ella le rindiera culto noche y día
porque eso tan solo a mí me bastaría,
saberla salva y en el cielo verla sin demora.

Eso sí es ser de alta alcurnia, una servidora
del Rey de reyes y Señor de señores, mi Jesús;
eso si es ser una aristócrata, ver su luz,
no como dama de Francia, sino como su adoradora.

Así visualizo a mi madre, mujer de Dios temerosa.
Una llena de amor, visión y de gran virtud.
Una que ofrenda toda su vida llena de gratitud,
porque ella de todas las mujeres es la más virtuosa.

Pensamientos

Siento en mi pecho una opresión.
¿Dolor, angustia? No sé qué será.
Quizás algún brote de desesperación
que no sabe con certeza si nacerá.

Trato de ver mi interior, nada, solo vacío,
percibo el frío de la amargura,
el filo vil del desprecio que tortura,
me siento al borde del desvarío.

Los pensamientos se arrinconan, quietos.
Las meditaciones proceden en silencio
y todo un cúmulo de sinsabores directos
arropan todo mi frágil sentimiento.

¿Será alguna clase de coraje o ira
que quiere desprenderse en este momento?
Lo que sea que sea, que el tiempo lo dirá,
sea con llanto, dolor o sufrimiento.

Todo es un caudal de pesadumbre,
me siento entrando a un mundo sin razón.
Dejaré todo al dictado final del corazón,
quizás alguna respuesta lógica vislumbre.

Así era mi sentir de insensato,
del que a Cristo no ha reconocido;
todo me resultaba en un limbo desconocido
que al entrar en el todo era un mundo innato.

Sí, habrá muchas espinas en el camino
y decisiones que pueden ser letales,
pero con Cristo no gobernará la suerte
porque el evangelio de Cristo es nuestro destino.

Incógnita

Nunca será visto un barco sin puerto
al igual que un puerto sin mar.
Mas nunca cementerios sin muertos
ni se verá una fosa sin llenar.

Una vida sin razón de existencia,
ni una existencia sin razón de vivir.
Ni una llama capaz de jamás extinguir,
ni una luz que no tenga candencia.

Un río que no tenga cauce,
una playa que no tenga su mar.
Un dolor que fuese fácil de aplacar
y una alegría que no tenga auge.

Todo tiene su simple destino,
todo conlleva un propósito en su final.
Como novia que esté en el altar
sin tener un novio comprometido.

Para ser feliz debe haber algo dulce,
y para amar, alguien que dé de su amor.
Quizás vengan inviernos de calor
porque Dios todo lo surte.

Así será el hombre sanado de toda herida
cuando acepta y abre su corazón a Jesús,
entonces se transforma su tiniebla en luz
y en esos instantes comenzará una nueva vida.

Nunca será visto un cristiano sin esperanza
y una esperanza que no pueda cumplir Dios.
Tampoco será visto su alma llena de odios
porque Dios es todo amor que nos alcanza.

No cometeré más ese error

Después de haberte conocido
impuso el enemigo una trampa engañosa
a través de cosas extrañas y ajenas.

Después de haber estado contigo
es inútil buscar emociones sin sentido,
brazos que brinden refugio o copa de olvido.

Antes sentía, ahora estoy en vida muerto,
morí cuando a un lado me sentí echado,
y olvidé por unos momentos algo muy importante,
reconocer que tú, Cristo, siempre estás a mi lado.

Después de haber estado contigo
olor grato me es todo.
Lejos han quedado algunos sentimientos,
ojos ciegos tengo para otro error,
resisto en batalla porque mi confianza eres, Cristo.

Aunque a veces siento que estás como ausente,
uno vive las promesas hechas ante el altar,
sentando bases de gran confianza y optimismo
en todo lo que el corazón así lo tenga presente.

Nos encontraremos algún día en esta vida
trazando líneas paralelas con gran afán,
y entonces, y solo entonces, ahí estaré.

Envía calma sobre la tormenta, Señor,
serena las pasiones con bálsamo de oración,

aumenta tu dosis de misericordia,
aunque solo me sienta, tú mi Dios llenas mi ser.

Después de tenerte muy adentro y estar contigo,
imposible olvidarte, adorarte y no amarte;
y aunque lo intente, en vano será.

Recapacitemos

Cuando sientas que todo está mal,
no te preocupes, tan solo mira al cielo.
Porque de ahí bajará todo tu consuelo,
bajará tu paz, el consejo y camino a tomar.
Solo tienes que con fe verdadera clamar
y dejar que esa fe actúe con gran esperanza.
No importa si tu dolor sin pausa avanza,
Dios estará pendiente a todo buen desenlace,
porque solo Él lo sabe hacer bien en toda fase
porque en tu dolor pacientemente tranza.

A veces sin pensar limitamos a Dios y su poder,
tomando a la ligera todo lo que sucede;
pues en su ignorancia el hombre cree que puede
él solo batallar con todo lo que ha de acontecer.
Qué lastima, que hace lo posible en no reconocer
la realidad, que hay un Dios, el que todo lo antecede.
Triste del que en su finita mente cree que puede
sentirse superior y que sin Dios todo lo puede hacer.

Oportunidad de corregir su camino, aún tiene tiempo,
escudriñando el refugio que Cristo le dará,
no peleando con sí mismo, tiene que cesar de eso ya.
Buscar ampararse en la Palabra, es el momento,
y dejar atrás toda braveza, todo mal sentimiento,
quitando de su mente toda mala reseña,
llenándose de fe, deshaciendo toda querella,
arrepintiéndose y diciendo de corazón: Jesús, lo siento.

Que su corazón rechace todo lo que mal encausa,

dejar de sentirse superior y que todo lo puede hacer.
Pero qué lástima aquel que hace lo posible por desconocer
la realidad de cuál es el mal que en su vida eso causa.
Que el pecado se desboque y que, sin tomar pausa,
se desboque, pero Cristo marcó el buen proceder,
y puso las pautas con su sangre para darnos a entender,
no importa quién fuiste, si hay contrición, lo vas a ver.

Los cinco lados de la cruz

Sobre el tope de aquella cruz
Padre y Espíritu Santo
y al centro se encontraba la gloria
que emanaba del crucificado.
Aquel que fue inmolado
como cordero de sacrificio
por nuestra conducta llena de pecado.

A la izquierda, la ignorancia personificada
por aquel que teniendo al Rey de Gloria
y perdonador de pecados tan cerca,
lo rechazó sin contemplación alguna.
Como ignorante al fin le retó,
como dice Lucas 23:39:
«Si tú eres el Cristo, sálvate a ti mismo y a nosotros».

Y a la derecha se encontraba su análogo,
que le reprendió por su expresión desafiante,
diciéndole como relata Lucas 23:40:
«¿Ni aun temes a Dios, estando en la misma situación?
Nosotros justamente padecemos; porque recibimos
lo que merecieron nuestros hechos, mas este ningún mal hizo.»
Y dijo a Jesús: «Acuérdate de mí cuando vinieras a tu reino».
Y Jesús le respondió: «De cierto te digo, que hoy,
estarás conmigo en el Paraíso».
Ahí estaba presente la redención y el perdón de los pecados.

A los pies de la cruz se encontraban los pecadores,
aquellos que se jugaban las pertenencias de Jesús.
Qué muchos se juegan su vida con los dados del destino,

de lo cual el enemigo le saca ventaja.
Aquellos hombres eran como muchos de los actuales
que no tienen a Cristo en su corazón,
y siguen ignorando a aquel que un día entregó
hasta la última gota de su sangre por la redención de sus pecados.

Aún falta la parte céntrica y muy importante.
En el mismo centro de esa cruz estaba la gloria
de aquel que se hizo maldición por cada uno de nosotros,
llevando todos nuestros pecados aferrados a Él.
Mas es lamentable que en estos tiempos
tienen por nada ese cruento sacrificio,
pero Cristo sigue clamando al Padre:
¡Perdónales porque no saben lo que hacen!

Qué clase de nobleza la de aquel moribundo,
que aun padeciendo injustamente como dice Isaías 53:5:
«Mas herido fue por nuestras rebeliones,
molido por nuestros pecados, el castigo de nuestra paz
fue sobre Él y por sus llagas fuimos nosotros curados».

www.ingramcontent.com/pod-product-compliance
Lightning Source LLC
Chambersburg PA
CBHW071709040426
42446CB00011B/1985